育ちのいい人は知っている

13歳からの日本人の「作法」と「しきたり」

岩下宣子 監修

「日本人の作法としきたり」研究会 編著

PHP

はじめに

礼儀作法《れいぎさほう》やしきたりというと「堅苦しい」「ややこしくて覚えられない」というイメージを持つ人も多いかもしれません。でも、それは違います。

礼儀作法やマナーは、相手を大切に思う心から生まれたもの。人と人との関係をスムーズにして、お互いに快適に暮らしていくためのものです。

マナーデザイナーとして活動を続けてきて37年。私がつねに心に置いている、大好きな言葉があります。日本の教育者・思想家である新渡戸稲造《にとべいなぞう》（五千円札の顔にもなった人、というとわかるでしょうか）が、著書『武士道《ぶしどう》』に記したものです。

「体裁を気にして行うのならば礼儀とはあさましい行為である。真の礼儀とは相手に対する思いやりの心が外に現れたもの」

つまり、世間体を気にして行ったり、これみよがしに行ったりするのは本当の礼儀やマナーではないということです。

自分を大切にするように、人を大切にする心が現れたものが礼儀や作法。ですからそれは、「思いやり」、もっというと「愛」なのです。

一方、しきたりというのは、人から神様への心配り。私たちをいつも見守ってくださっている神様に感謝し、祈りを捧げる行為です。

このようなしきたりとさまざまなシーンでの礼儀作法は、日々を快適に、心豊かに過ごすために、日本人が大切にしてきた「暮らしの作法」。ですから、もともとは堅苦しいことでもややこしいことでもなく、覚えてしまえば逆に、トラブルを避け、自由に、自分らしく生きていくことができるのです。


グローバル化の時代といわれて久しいですが、日本人としての作法やしきたりをきちんと理解し、身につけることができれば、国際人として世界に通用する人になります。

国際人として活躍できるのは、外国のことを知っている人ではなく、何よりも自分の国のことを知っていて、それを外国の人たちに語れる人です。作法やしきたりを通じて日本の文化、精神性を知ることが、これから求められる国際人となる近道だといえるかもしれません。

古来、日本では左が上位とされてきました。「左上右下《さじょううげ》」といって、上座から見て左側に位の高い人や大切なものを置く習わしがあるのです。

食事の際、ご飯を左に置くのは、お米によって生かされてきた日本人にとって、お米は何よりも大切なものだから。雛《ひな》人形の並びも、関西ではお雛様から見て男雛は左（向かって右）です。

ところが、「プロトコル」と呼ばれる国際儀礼では、逆に右が上位とされます。たとえば、オリンピックの表彰台上での並びは、最上位の金が真ん中で、次の銀が真ん中の人から見て右側（向かって左）、最下位の銅が真ん中の人から見て左（向かって右）なのは、そのためです。

日本の作法とプロトコルのどちらがよい、悪いということではなく、文化の違いです。郷《ごう》に入《い》っては郷に従えで、海外では海外の文化に敬意を表してプロトコルに従いますが、日本では日本の伝統に従って、堂々と振る舞う。外国の方にも、その理由をきちんと説明することができる。それが、真の国際人のあるべき姿なのではないでしょうか。

本書のタイトルを『育ちのいい人は知っている　13歳からの日本人の「作

法」と「しきたり』」としたのには理由があります。自立心が芽生え、大人の世界に大きく一歩踏み出そうとする。その時期がちょうど13歳くらいではないかと思うのです。

とくに礼儀作法は、今日学んだからといってすぐ身につくものではありません。自然と振る舞えるようになるには、日々、実践することが大切。13歳から（いえ、もっと早い時期からでも）作法やしきたりを学んでいれば、いつどこへ出ていっても堂々と、スマートに振る舞える大人になれます。そして、心に余裕ができる分、人に対する思いやりの気持ちをより発揮できるはずです。

もちろん、大人のみなさんも、美しい日本の作法としきたりについて今一度、おさらいしてみてください。親子で「へえ、そうなんだ」「素敵な心遣いね」と楽しく話しながら、礼儀作法やしきたりを身につけていただけたら、私としてはこんなにうれしいことはありません。

岩下 宣子

育ちのいい人は知っている
13歳からの日本人の「作法」と「しきたり」　もくじ

第1章　イザというときに「品のよさ」がにじみ出る　生活の作法

第2章 どんな場所でも恥ずかしくない 食事の作法

第3章 自然と人とつながる 思いやりの作法

第4章 知っておきたい 慶事と弔事の作法

第5章 季節を感じよう 日本のしきたり

第1章

イザというときに「品のよさ」がにじみ出る生活の作法

正しい作法は、人としての品格を上げる

私たちの生活の中には、立ち居振る舞いや身のこなし、物の扱い方など、そのすべてに決まりがあります。「決まり」というと何か制限されたような、堅苦しいイメージを持つかもしれませんが、そうではありません。

たとえば、正しい立ち居振る舞いは、その動作に無駄がなく、効率よく動くことができます。無駄のない動きは、体に負担がかからないので疲れず、しかも見ていて美しい。人としての品格が上がります。

つまり、**正しい作法を身につけることは、自分を守るためでもあります**。「身につけなければいけない」というより「身につけたほうがいい」ものなのです。そう思うと、「身につけよう」という気持ちになりませんか？

自然で美しい、正しい作法を身につける上で、知っておきたいのが「上座《かみざ》」「下座《しもざ》」です。

日本では、太陽の通る南を向いて、太陽の出る東の左を上位、つまり向かっ

て右を「上座」とします。芝居でも客席から舞台に向かって右（舞台から見て左）を「上手《かみて》」といいますし、落語噺《ばなし》では殿様が家来に話しかけるときは上手の右を見て、家来が殿様に話しかけるときは上手の左を見ています。

立つ、座る、歩き出すときなどの1歩目は、下座の足（部屋の出入口に近いほうの足）から立ち、歩き出します。部屋の出入りや、人の前を通るときなどは下座の足から進み出て、上座の足から下がります。

こうして、さまざまな場面においての上座・下座が理解できると、その場で自分がどう振る舞えばよいのかわかり、目上の方や格上の方に対して失礼なことをしないですみます。上座・下座を理解して、つねに意識することもまた、自分の身を守るためなのです。

「心はしぐさに表れる」といわれます。逆に、**正しく美しい作法を身につければ、心もあとからついてくる**、ともいえるでしょう。

焦ったり、あわてたりしているときほど正しい作法にのっとって、美しいしぐさを心がけてみましょう。体も心も固くなっているときほど、動作をていねいに行ってみてください。不思議と心が落ち着くはずです。

01

正しいおじぎとあいさつ

欧米人が日本人の真似をするときにはよく、頭を下げるおじぎの所作をしますね。私たち日本人は、あいさつをするときにおじぎをしますが、欧米人は握手をするのが一般的。ですから、彼らにとっては「おじぎ＝日本人」ということなのでしょう。

おじぎは古くから日本に根づいた礼法のひとつ。相手を敬う気持ちを伝えられる、奥ゆかしい所作です。頭を下げる（＝無防備な姿を見せる）のは、「あなたを信頼しています」という気持ちを伝えるため。あらたまった場面では頭を深く下げ、通りすがりなら軽く一礼するというように、時と場合の機微《きび》をおじぎの深さで表すところに、日本人らしいこまやかさが感じられます。

あいさつは「礼」。あらたまった場面だけでなく、家族や親しい人とよりよい関係を築くために欠かせません。**「おはよう」「こんにちは」「さようなら」といったあいさつを日常生活の中でこそ大切に、忘れないようにしましょう。**

おじぎ

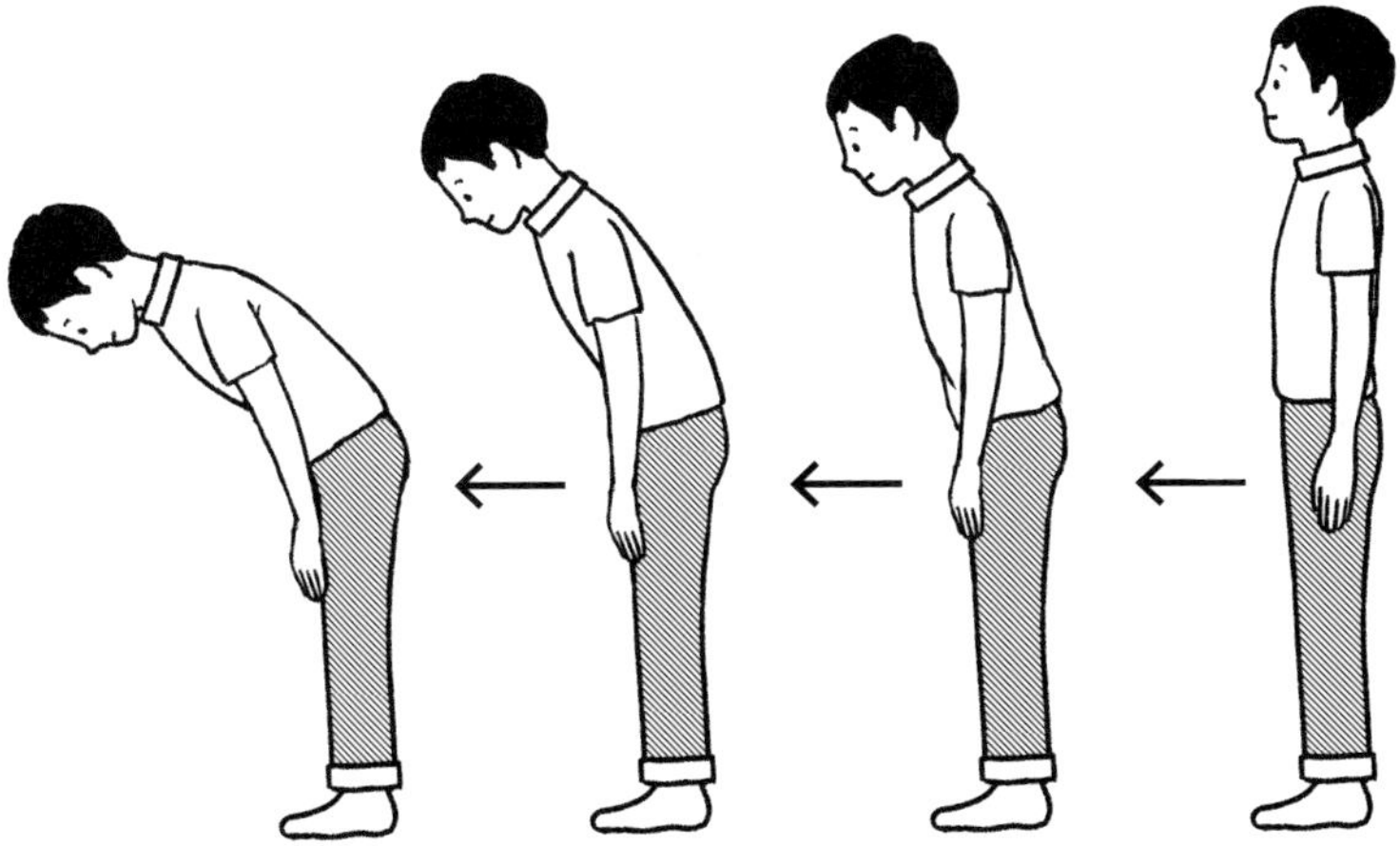

上半身をまっすぐに倒すと体と一緒に手も前に出てくる。座ってのおじぎも同様。

MEMO

◆**おじぎは「礼三息《れいさんそく》」**
吸う息で上体を前に倒し、吐く息でそのまま静止、吸う息で上体を起こす「礼三息」がおじぎの基本。これは立礼も座礼も同じです。

◆**おじぎは1回**
ぺこぺこ何度も頭を下げるのではなく1回、心を込めてじっくり行いましょう。

◆**あいさつは「先語後礼」**
おじぎをしながらあいさつするのはNG。まず、あいさつの言葉を言ってから、おじぎをしましょう。

02

正しく立つ

「立つ」ということは当たり前すぎるような気がして、立つ姿勢についてあまり意識することがないかもしれません。しかし、**立ち姿はその人の第一印象を決めるもの**。正しい立ち姿をしていれば、「きちんとした人だな」と一目置かれますし、どんな体型でも美しく見えます。

正しい立ち姿とは、体によけいな力が入っていない、ごく自然体。それでいながら、堂々とした姿です。そのためには、脊柱《せきちゅう》（背骨）がゆるやかなS字を描いていることが重要。二足歩行をする人間は、重たい頭を脊柱で支えるため、脊柱には適度なカーブが必要なのです。

正しい立ち姿は、美しく見えるだけではありません。体が脳の司令どおりに動くためには、脊柱がS字カーブを描いている必要があるのです。S字カーブが崩れると、呼吸が十分にできなかったり、腰や膝に負担がかかり痛みが生じたりします。さらに、脳の働きにも影響するといわれています。

立つ

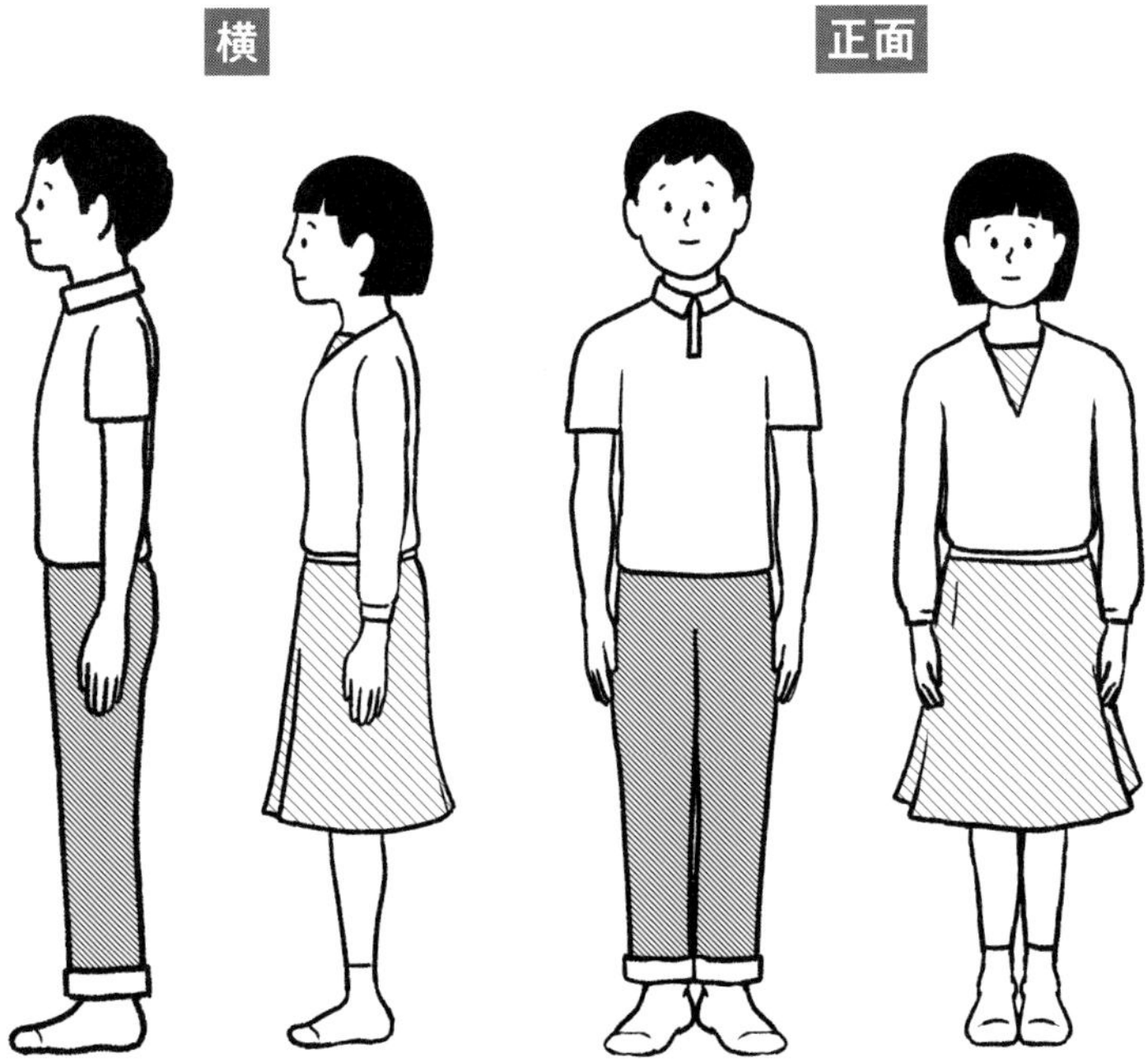

背すじをまっすぐ伸ばし、男性はつま先を60度くらいに開き、女性はそろえて立つ。うつむいたりあごが上を向いたりしないよう、横から確認を。

MEMO

◆横から見てチェック
横から見たとき、耳は肩の上にきているか、あごの先が上を向いていないか、確認を。

◆背すじはまっすぐ
身長を測るときのイメージで背すじをまっすぐ伸ばします。

◆手を前で組まない
本来、立っているときは手を前に組みません。手は自然に、体の左右の脇に沿わせて下ろします。このとき、手の先まで美しく見えるように、指先に意識を向けるようにしましょう。

03

正しく座る

座るときの正しい姿勢は、膝を折って座る「正座《せいざ》」が原則です。正座は、人々が畳《たたみ》を敷《し》くようになった江戸時代以降、定着したといわれます。現代の家では洋間が多くなり、正座をする機会がめっきり減っていますが、だからこそ正しい座り方を身につけ、ここぞというときに美しい姿で座りたいものです。

正座は、慣れていないと足がしびれてしまいますが、**正しく座ればしびれにくくなります**。なお、正しく正座ができていると、集中力や記憶力が高まるとされています。

もうひとつ、「跪座《きざ》」という座り方があります。両膝をそろえて床についた状態でつま先を曲げて両足を立て、そろえたかかとの上にお尻を乗せた姿勢です。立った姿勢から正座をするときや、正座から立ち上がるときなどに跪座の姿勢をとります。正座をして足がしびれた場合、跪座の姿勢をとれば、しびれがおさまります。**跪座は正座と同等の格式があり、失礼にはあたりません。**

正座

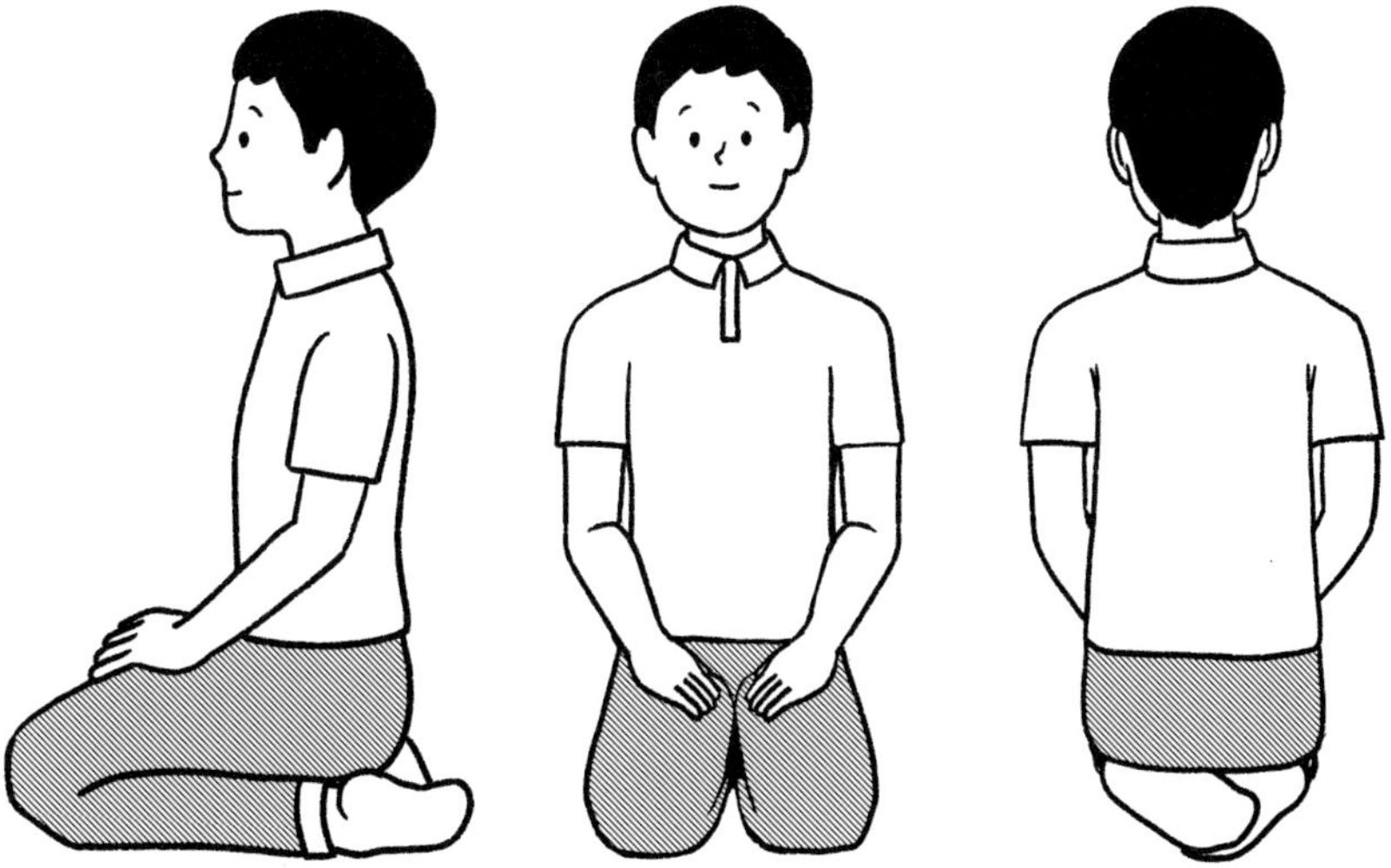

男性は膝をこぶしひとつ分開き、女性は膝頭をつけ、足の親指を重ね、背すじを伸ばして座る。手は膝の上に。

MEMO

◆丹田を意識
上体は、丹田《たんでん》（おへその下、5㎝くらいのところ）に力を入れ、腰から上をまっすぐにして背すじを伸ばします。

◆ゆっくり腹式呼吸を
座っている間は、ゆっくり腹式呼吸をしましょう。そうすることで上体がぶれにくくなります。

◆しびれないコツ
お尻とかかとの間に紙1枚入れた気持ちで座るとしびれません。

跪座

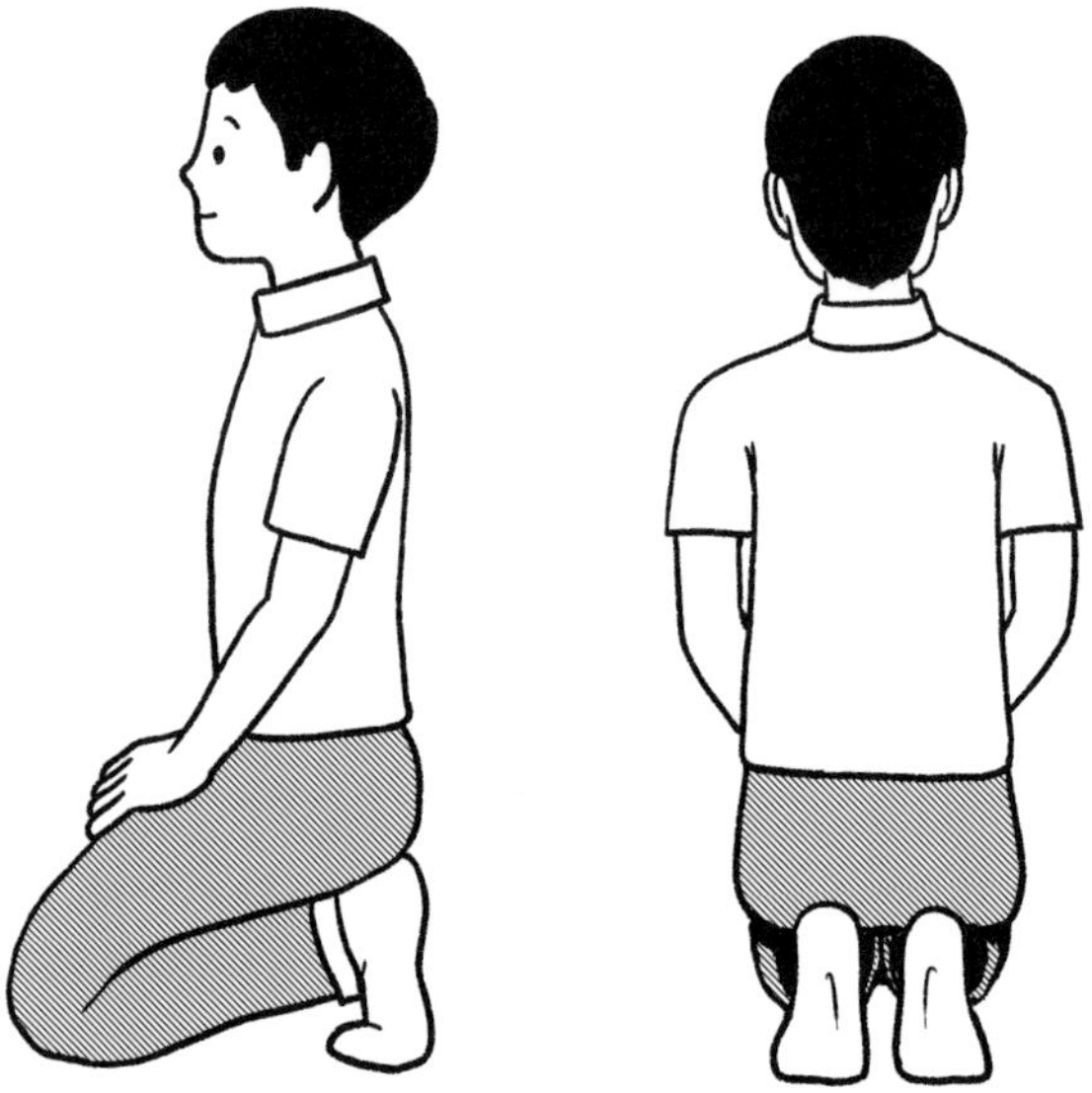

両膝をそろえて床につけ、つま先を曲げ、両足を立てる。男性はかかとを開けてもよいが、女性はかかとからつま先までつけるようにする。この姿勢から片膝を少し上げると立ちやすくなる。

MEMO

◆**「立つ―座る」がスムーズに**

跪座をマスターすると「立つ―座る」の動作の流れがスムーズになります。

◆**お風呂で練習**

足首が固いうちは、痛くてなかなか跪座の姿勢がとれないかもしれません。その場合は、お風呂の湯船の中で練習しましょう。浮力が働くため、足首に負担がかからず、やりやすくなります。

◆**「跪座―正座」を繰り返す**

跪座と正座は、ぜひセットで繰り返し練習しましょう。

04

イスに座る

正しいイスの座り方のポイントは、**イスにやや浅く座ること**。美しく見えるだけでなく、相手の話を聞いたり、勉強したりするときに集中力がアップします。逆に、深く座って上半身をイスの背もたれにつけると猫背になって美しく見えません。

レストランなどでイスに座る場合は、イスを引いてやや深めに座ります。食事を運んでくれる人の邪魔にならないようにとの心遣いです。ただし、その場合も、上半身はイスの背もたれにつけず、背すじを伸ばして座りましょう。

また、**足をそろえて座ることも大切**。ぶらぶらさせたり女性は膝やつま先が開いていたりするのは美しくありません。男性はげんこつ2つ分、膝を開けます。足幅も膝幅と同じです。足を組むのは、欧米では許されますが、日本では親しい間柄のみＯＫ、公式な場ではＮＧです。相手に失礼なだけでなく、だらしなく見えて自分の価値を下げてしまいます。

正しいイスの座り方

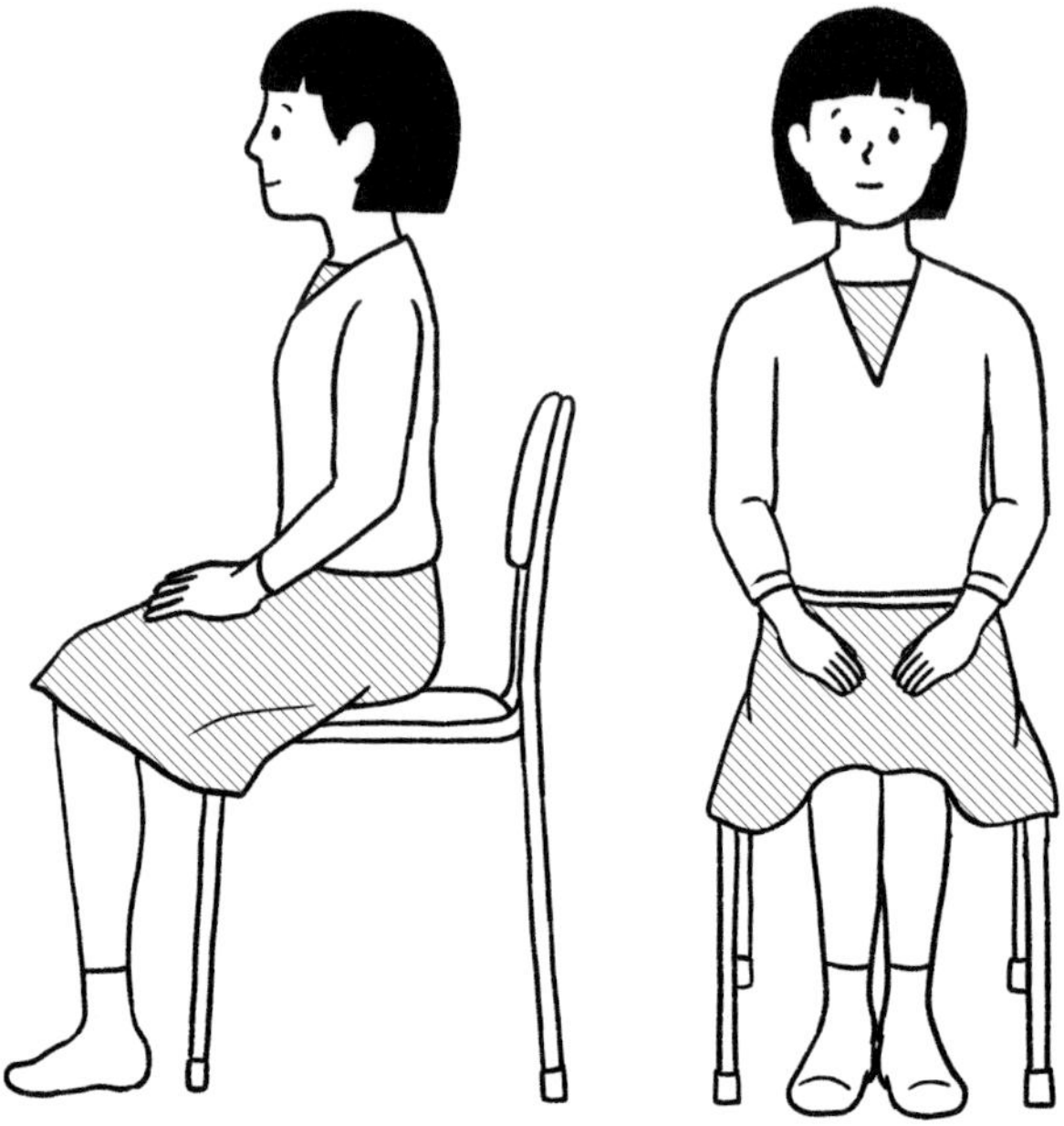

イスに浅めに腰かけ、背すじを伸ばし、あごを引く。両手は太ももの上。つま先、膝はつける（男性は少し開く）。

MEMO

◆腕を組むのもNG

足だけでなく、腕を組むのもやめましょう。えらそうな態度に見えてしまいます。

◆かかとはやや開き気味に

足をそろえるとき、つま先はつけたまま、かかとをほんの少し開き気味にすると、膝が開くのを防ぐことができます。

◆足を横に流すのはOK

女性は、足を横に流してもOK。ただし、同席者のほうには流さないようにしましょう。両側に人がいる場合は、下座の方向に。

05

立ち方、座り方

座っている姿勢から「立つ」、立っている姿勢から「座る」という動作が正しくできると、上体がゆれたり足元がよろけたりすることなく、優雅で洗練されたイメージを周囲に与えることができます。ぜひ、正しい立ち方、正しい座り方をマスターしてください。

立つときも座るときも、足の引き方、出し方がポイントになります。**上座の足（部屋の出入口から遠いほうの足）、下座の足（部屋の出入口に近い足）を理解することから始めましょう**。これが理解できれば、どのような部屋や場所でも戸惑うことなく、落ち着いて振る舞うことができます。また、跪座の姿勢が必要となるので、正座・跪座と合わせて練習するとよいでしょう。

正しい立ち方、正しい座り方を意識して行っていると、特別な運動をしなくても、自然と体幹やお尻、太もも、内ももなどの筋肉が鍛えられることに。脚のラインも整って、スタイルアップが期待できます。

✦ 立ち方 ✦

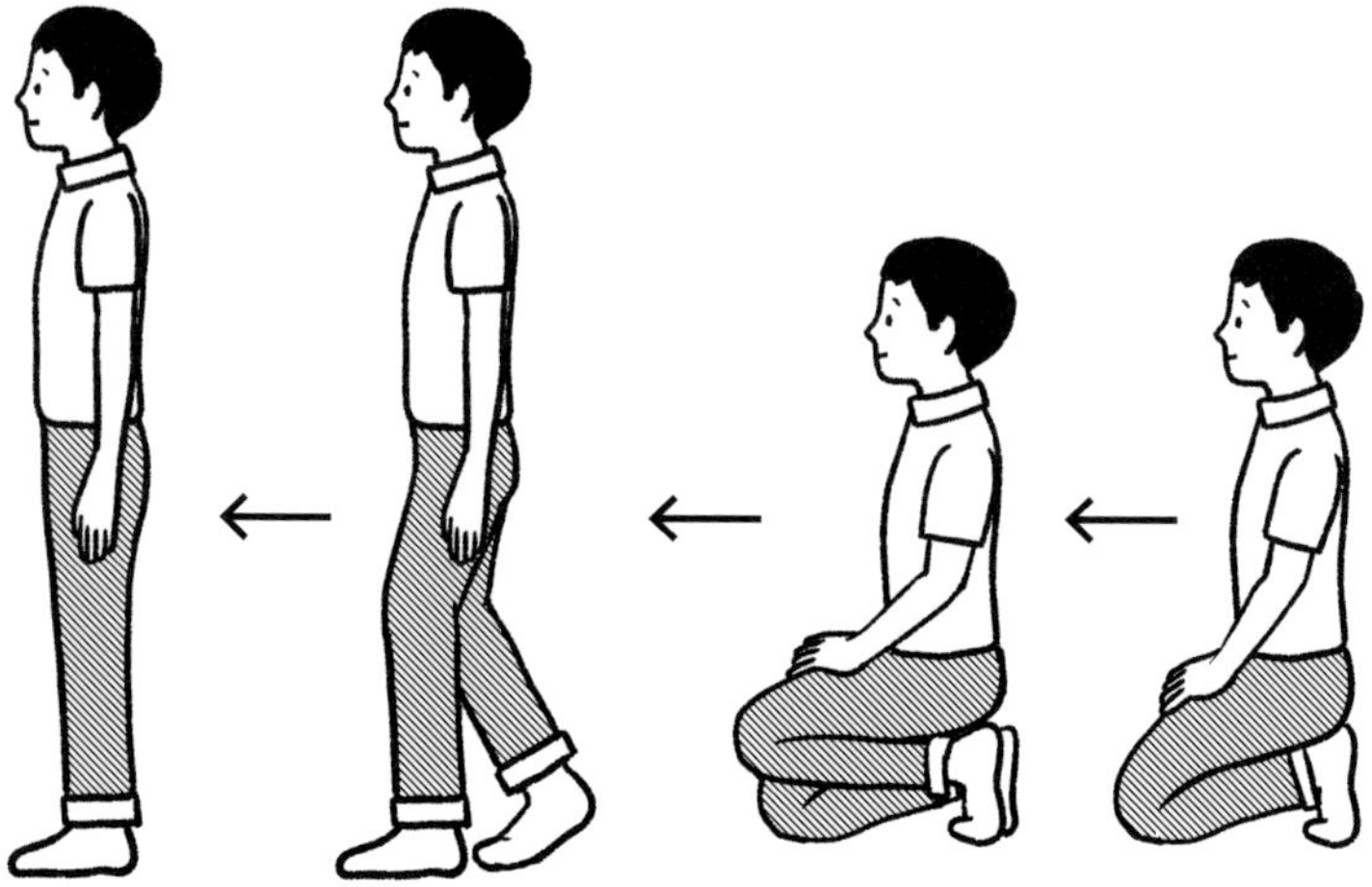

正座から跪座になり下座側の足の膝を少し立てて上体をゆらさないように立ち、後ろの足を前へ。足をそろえて立つ。

MEMO

◆まずは跪座を

正座の姿勢から立ち上がろうとすると、体がゆれたりよろけたりします。まずは跪座になり、下座の膝を少し立てて立ち上がりましょう。

◆煙が立ち上っていくように

立つときは、ひと筋の煙が空に立ち上っていく様子をイメージしましょう。

◆息を吸いながら

動作は必ず呼吸に合わせて行います。息を吸いながらまっすぐ立ち上がります。座る際も、息を吸いながら腰を下ろします。

座り方

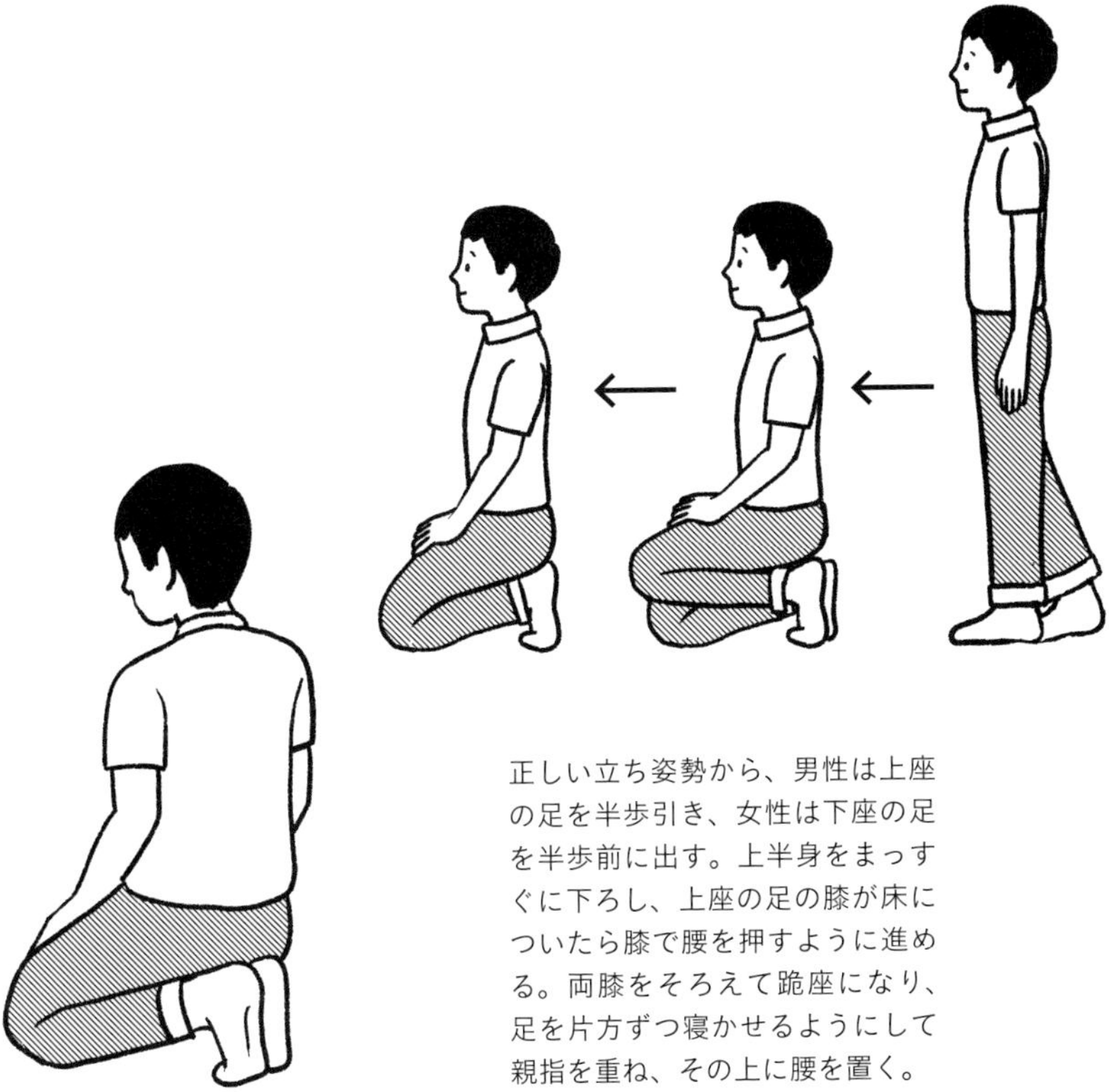

正しい立ち姿勢から、男性は上座の足を半歩引き、女性は下座の足を半歩前に出す。上半身をまっすぐに下ろし、上座の足の膝が床についたら膝で腰を押すように進める。両膝をそろえて跪座になり、足を片方ずつ寝かせるようにして親指を重ね、その上に腰を置く。

MEMO

◆**水の中に沈んでいくように**
水の中に静かに沈んでいくような気持ちで、まっすぐに上半身を下ろしていきます。

◆**太ももや腹筋で支えながら**
太ももや腹筋を使って上体を支えながら座ると、体がゆれることがありません。

06

座布団の座り方

現代の暮らしの中で、座布団《ざぶとん》を使う場面は少ないかもしれませんが、和室ではは座布団が用意されていることがあります。それは、「足が痛くならないようにやわらかいものに座って、心地よく過ごしていただきたい」という心遣いです。その気持ちに応えるように、ていねいに振る舞いたいものです。**部屋に通されたとき、勝手に座布団に座らず、すすめられてから座ることを忘れずに。**

座布団の扱い方や座り方がわからないと、とくにお祝いごとや法要など、あらたまった席であたふたしてしまいます。いざというときに恥ずかしい思いをしなくてすむように、座布団の正しい座り方を覚えておきましょう。

座布団の座り方では、座った姿勢のまま前に進む「膝行《しっこう》」、後ろに下がる「膝退《しったい》」がポイントです。いずれも簡単そうに見えますが、足の筋肉の使い方が独特で、慣れないうちはなかなかうまくいきません。スムーズにできるようになるまで、練習しましょう。

座布団の座り方

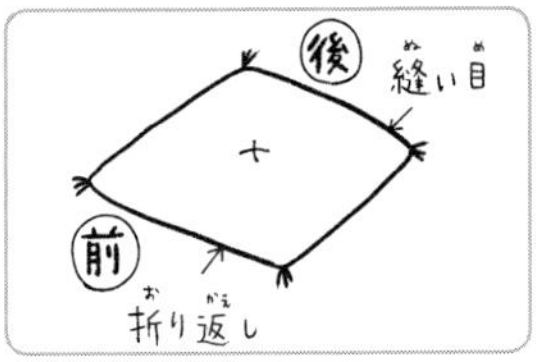

座布団の下座側で跪座になる。上座の膝を少し浮かせて下座の膝で押し（①）、45度回って座布団にのせる。下座の足から膝で進んで座布団にのり（②）、真ん中で正面に向き直り、正座をする（③）。

MEMO

◆座布団を足で踏まない

座布団は座るためのものなので、足裏で踏むのは厳禁！

◆座布団の正面と表裏

座布団は三辺が縫われていて、輪《わ》になっている辺が正面。座布団と自分の正面が同じ向きになるように座ります。また、座布団の生地《きじ》の縫い目が覆いかぶさっているほうが表。表に座ります。

◆座布団の裏返しはNG

座布団は表に座るものなので、立つときに裏返す必要はありません。

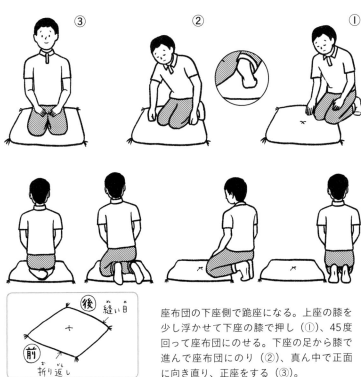

07

襖・障子（引き戸）の開け方・閉め方

襖《ふすま》や障子《しょうじ》は、日本家屋独特のもの。木製の骨格に紙といった自然の素材でできていて、なおかつ軽いので、ていねいに扱う必要があります。

開け閉めするときの作法も独特です。洋室のドアと違って、襖や障子には鍵がありません。かといって、いきなり開けたりすると部屋の中にいる人（部屋から出る場合は廊下にいる人）を驚かせてしまいますし、何より失礼です。

そこで、**「入りますよ」と合図を送りながら開ける作法**が生まれたのです。

具体的には、襖や障子を左に開ける場合、「失礼いたします」と声をかけ、まず右手を引き手にかけて、少し開いて手の入るくらいの隙間《すきま》を作ります。これが、部屋の中にいる人への「入りますよ」の合図となるわけです。

なお、襖や障子は和室用の戸なので、中にいる人たちは基本的には畳に座っています。その人たちに失礼のないよう、中に入るときには自分も座り、低い姿勢で戸を開け閉めしましょう。

襖の開閉

開け方

①

跪座になり、引き手に近い手を引き手にかけ少し開ける。

②

引き手につけた手を襖の枠に沿って下げ、下から15㎝くらいのところを持って体の中央まで開ける。

③

手を替えて反対の手で襖の枠を持ち、残り半分を開ける。

閉め方

①

襖の前で跪坐になり、襖に近い手で下から約15㎝上のところで襖の縁を持ち、閉め始める。

②

体の正面まで襖を引いたら反対の手に持ち替える。

③

残り約5～6㎝のところまで襖を閉め、引き手にかけて襖を完全に閉める。

MEMO

◆開け閉めは片手で

引き戸を両手で開閉するのは体の動きとして不自然。片手で行いましょう。

◆開けっぱなしにしない

急いでいるときでも、開けっぱなしにしないこと。室内の冷気（あるいは暖気）が逃げてしまいます。

◆引き手より下を持つ

引き手より下の部分を持って敷居《しきい》と並行に動かすようにするとスムーズに開閉できます。勢いよく開け（閉め）すぎないよう静かに行いましょう。

08

ドアの開け方・閉め方

訪問先でドアを雑に扱うことは、招いてくださった方に対して、とても失礼にあたります。また、お客様をご案内するときには、お客様より先に自分がドアを開け閉めする必要があります。お客様にケガをさせないようにするためにも、正しい作法を身につけましょう。

ドアには、押して開けるタイプと引いて開けるタイプがありますが、基本的な動作は同じです。ドアの取っ手が右にあれば左手で取り、ドアを開けきり、部屋の中に入ります。

ドアを閉めるときは、取っ手を持ったままドアを引き、手幅分のスペースで止まって静かに閉めます。取っ手が左にある場合は、手が逆になります。

重要なのは、ドアを開けて閉め終わるまで取っ手から手を離さないこと。ドアによっては、手を離した瞬間に勢いよく閉まるものもあるからです。

後ろ手で閉めるのも禁物。続いて入る人がいる場合などは、危険です。

ドアの開閉

①

ドアノブに対して斜めに立ち、取っ手が右にあれば左手で（左にあれば右手で）ドアを開ける。

②

ドアを開けきり、部屋に入る。

③

体をドアに向き直り、開けた手と逆の手で、反対側のドアの取っ手を持つ。

④

ドアノブに対して斜めに立ち、右手で閉める。開けてから閉めるまで取っ手から手を離さない。

MEMO

◆必ずノックをしてから

部屋に入るときは、ノックをしてからドアを開けます。

◆後ろ手は禁物

どのような物も体の正面で扱うことが大切。ドアを後ろ手で閉めるのは禁物です。

◆引いて開ける場合

引いて開けるタイプのドアは、たてつけに向かって斜めに立ち、近いほうの手で取っ手を持ち、手前に引きながら、中に入ります。そして、内側の取っ手を空いているほうの手で持ち、体の向きを変えて閉めます。

09

人とすれ違うとき・前を横切るとき

人とすれ違うときや、人の前を通らなければならないときにも、相手に敬意を表すことを忘れずに。急いでいても、むしろ急いでいるときこそ礼を欠かないようにしましょう。

道や廊下を歩いているとき、前から目上の方が来られた場合は、いったん立ち止まって脇によけ、深いおじぎをして、お通りになってから体を起こす「行き合いの礼」を行うと、ていねいです。同年代や年下の人とすれ違う場合、そこまでていねいにする必要はありませんが、肩がぶつかったりしないよう、端《はし》によけて歩くといいでしょう。

人の前はなるべく横切らないほうがいいのですが、どうしても人の前を通らなければならないときは、「前通りの礼」を行います。その際には相手の1～2m手前で、「失礼します」という気持ちで一礼をして、少し体を前に倒しながら歩いてできるだけ早く通り過ぎるようにします。

行き合いの礼

目上の方と行き合った場合、3mほど手前で脇によけ、2mほど前に来られたら深い礼をする。通り過ぎられてから体を起こす。

MEMO

◆目上の方には深い礼を

目上の方とすれ違うとき（あるいは、前を通るとき）は、両手が膝頭の上までくるように深い礼をします。

◆気持ちを込める

とくに前を通る場合は「申し訳ありませんが、前を通らせていただきます」という気持ちを込めて礼をしましょう。

◆イスに座っているとき

自分がイスに座っている前を目上の方が通られる場合は、立ち上がって下座で、体をやや前に傾けて待ち、前に来られたら一礼します。

10

物の持ち方

物の持ち方は、その形や大きさ、重さによって変わります。また、渡す相手との関係によってても変わってきます。**大切なのは、相手に失礼のないように、そして相手に不安を与えないためにも「確実に持つこと」**です。

物の正面を自分に向けて持つことが基本ですが、大きい物や重いものは、相手に正面を向けて持ってもＯＫです。

なお、「重い物は軽く、軽い物は重く」持つようにすると、物を大切に扱っているように見えますし、エレガントな印象を与えます。

持ち方としては、目の高さで持つ「目通り《めどお》」、手を肩から平行に伸ばした高さで持つ「乳通り《ちどお》」、胸より低めのところで持つ「胃の下辺り《いしたあた》」の3通りがあります。

いずれの場合も、姿勢の基本は、体の前で腕全体で指先まで丸くする「円《えん》相《そう》」です。

物の持ち方

体の前で腕、手のひら、指を丸くした形の「円相」が基本。上腕を使って、体で持つようにすること。

胃の下辺り

重い物などを運ぶときの持ち方。

乳通り

お茶や料理に息がかからぬようにするための持ち方。

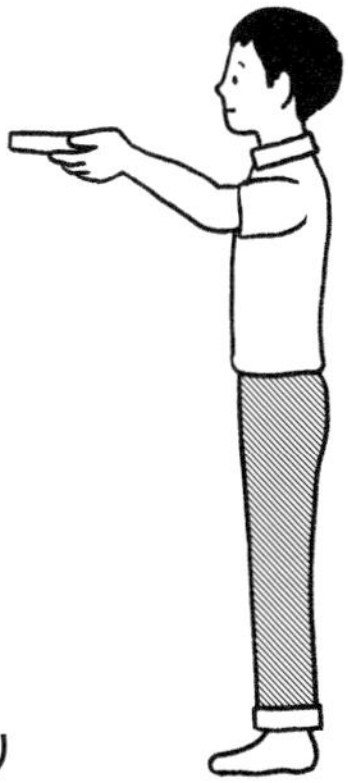

目通り

賞状や、神棚へ供える供物を捧げ持つ場合の持ち方。

MEMO

◆上腕を意識

手先だけで物を持つしぐさは、人に粗雑な印象を与えますし、物を落とす危険もあります。物を持つときは肘《ひじ》から上、上腕を意識しましょう。

◆円相

円相は、体の前で腕、手のひら、指を丸くした形。大きな木を両腕で抱えるようなイメージです。

◆胃の下辺り（帯通り）

重い物を運ぶときや出した物を下げるときは胃の下辺り、つまり腰の高さで持ちます。

11

畳む収納

もともと日本人の衣服である和服は、着物や帯、長襦袢《ながじゅばん》やふんどし、足袋《たび》など、すべて畳んで収納できるものです。この「畳む文化」は日本人ならではのもの。欧米人は、洋服が立体的だということもあって、ハンガーにかけてクローゼットに収納するので、洋服を「畳む」という文化がないのです。

今は、ほとんどの人が洋服を着ていると思いますが、下着類やTシャツは容易に畳めますし、ポロシャツやワイシャツ、ブラウスなど襟《えり》のあるものも、お店に陳列されている状態をお手本にすれば、コンパクトに畳むことができます。ハンガーにかけて部屋の中に吊《つ》るしたりせず、畳めるものは畳んで、きれいに収納しましょう。効率よくしまえるので収納家具も最小限で間に合い、家の中はすっきり、気持ちよく過ごせるはずです。

畳む収納といえば、布団《ふとん》もそうです。畳んで押入れにしまえば部屋を広く使え、ベッドに比べて断然、自由度が上がります。

布団の畳み方

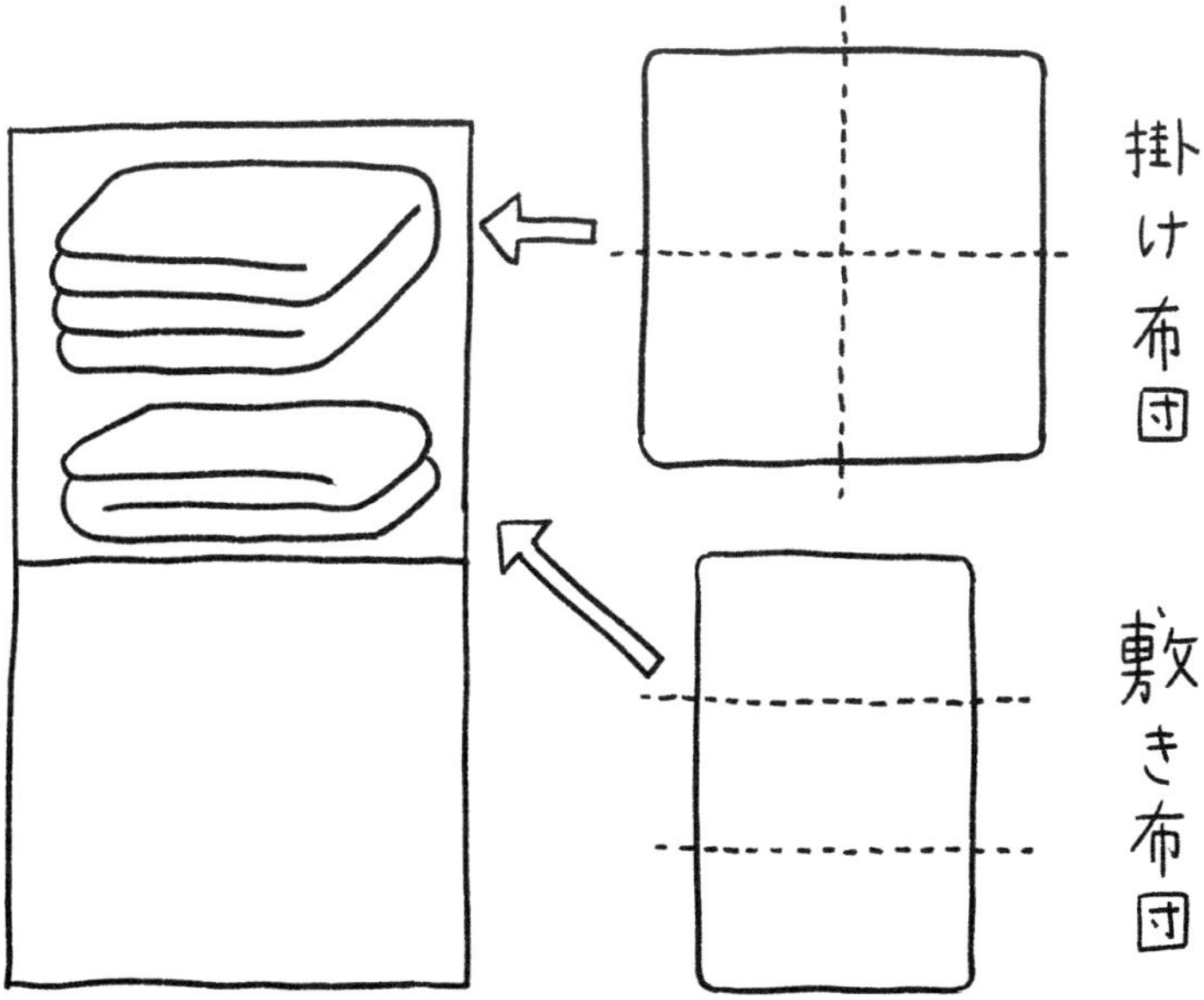

基本的に、掛け布団は四つ折りに、敷き布団は押入れなどしまう場所の大きさに合わせて二つ折りか三つ折りに。

MEMO

◆ショップをお手本に

下着やTシャツなどは、真ん中から左右を合わせて畳んでOK。ポロシャツやワイシャツなど襟のあるものは、襟が折れないように畳みます。お店に陳列されているときの畳み方を参考にするといいでしょう。

◆「万年床」は禁物

布団を敷きっぱなしにしておくと、カビやダニなどが繁殖して不衛生。毎日、「敷く―畳む」を繰り返し、お天気のいい日は外に干して日光を当て、湿気を飛ばします。

12

入浴（湯船につかる）

お風呂の入り方にも、マナーがあります。

銭湯《せんとう》や温泉など、他者と一緒にお風呂場を使う際は、混雑していれば洗い桶《おけ》やカラン（蛇口）を譲り合う、石鹸《せっけん》やシャンプーの泡が周りに飛び散らないようにするなどの心遣いが必要です。

湯船につかるときも、同様です。

欧米のバスルームにも湯船がありますが、それはお湯につかって温まるためというより、体を洗うところです。それに対して日本では、体は洗い場で洗って、湯船はお湯につかって温まるためのもの。だからこそ、お湯をきれいに保つ必要があります。

そのためにも、湯船につかる前に洗い場で体の汚れを洗い流します。それでも、湯船につかるとお湯に垢《あか》が浮かんだり、髪の毛が落ちたりするので、すくい取るのを忘れずに。

湯船から出たら、排水溝に髪の毛が溜《た》まっていないか必ずチェックして、溜まっていたら取り除きましょう。

なお、脱衣所の床をビショビショに濡《ぬ》らさないことも心がけてほしいことのひとつ。これは、家庭のお風呂を使うときも同様です。家族間でも礼節は必要です。次に入る人が気持ちよく使えるような状態にしておきましょう。

そして、着替えの下着や衣服などは、ひとつの場所にまとめておきます。なんでも、「風呂敷《ふろしき》」の語源は、お風呂に入るときに衣類などを包んだことにあるそうです。つまり、**「風呂場は散らかさない」が常識**なのです。

以上のことは、家で、自分ひとりでお風呂に入るときにも心がけましょう。「誰も見ていないのだから、いいじゃない」と思うかもしれませんが、ふだんから心がけていないと、イザ、人目のある場所に出ていったときにうまくできず、周りの人に不快な思いをさせたり、自分も恥をかいたりしてしまいます。

ふだんから、人の見ていないところでもきちんと過ごしていてこそ、いつどこに出ても恥ずかしくない振る舞いができるのです。

13

部屋はいつもきれいに美しく

今は、掃除をするときには電気掃除機を使う人がほとんどでしょう。毎日、忙しく過ごしている人の家では、ロボット掃除機が大活躍しているようです。

たしかに、電気掃除機はゴミを取り去るのは得意ですし、ロボット掃除機を使えばほかの家事をしながら掃除ができるので、とても便利です。でも、部屋の隅など細かいところに溜《た》まったほこりはどうしても取りきれませんし、そもそも高い場所の掃除には向きません。

その点、ほうきやぞうきんといった、日本人が昔から使っている掃除道具は非常によくできています。**ほうきは、畳やフローリングの床はもちろん、部屋の隅や押入れの隅、家具と家具の隙間なども掃くことができます**。高い場所や天井のほこりも、サッと落とせます。**ぞうきんも、ほうきに負けず劣らず、どこでもきれいにすることができる、優れ物**です。ほうきやぞうきんのよさを見直し、部屋の隅々まできれいにしましょう。

部屋の掃除

ぞうきんで拭いたところに水分を残さないよう、ぞうきんは縦に、固くしっかり絞ること。

MEMO

◆ほうきの正しい使い方

ほうきを正しく使うコツは、掃く方向を決めて、ゴミを1カ所に掃き集めること。ぐるぐるとあちこち掃くと、ほこりやゴミが舞い上がるだけできれいになりません。畳の場合は目に沿って掃きます。

◆ぞうきんは固く絞る

ぞうきんの絞りがゆるいと、床や畳に水分が残ってしまいます。ぞうきんは固く絞ってから使いましょう。ぞうきんの正しい絞り方は縦に持って絞ること。そうすると固く絞ることができます。

14

「塩」で清める

日本人にとって、**塩は調味料であるだけでなく「清める」ためのもの**でもあります。たとえば、葬儀に参列すると「会葬御礼《かいそうおんれい》」には身を清めるための塩が同封されています。日本では古くから、死＝穢《けが》れと考えられていて、その穢れを家に持ち込まないよう、塩で身を清める風習が生まれたのです。

この「塩で清める」という風習は現代でも続いています。たとえば、相撲《すもう》の力士は土俵に塩をまきますが、あれは大事な取り組みの場を清めるため。また、日本料理店の玄関先などに「盛り塩」がなされているのは、お客様のために店の中を清めておくためです。

この風習を、自分の生活の中にも取り入れてみましょう。気分が落ち着かないときには部屋の四隅《よすみ》に盛り塩をしてみる、ここ一番という大事な場に臨むときには、塩を紙に包んでポケットに忍ばせる、などなど。気持ちがすっきり、体もしゃきっとするはずです。

✦ 盛り塩など ✦

日本では古くから、海水から採れる塩は特別なものとされてきた。魚や野菜を塩漬けにすると腐敗を防げることからも魔除け的な力を持つと考えられていた。

MEMO

◆塩は天然塩を

お清めに用いる塩は「食卓塩」ではなく、日本の海から採れた天然塩を使いましょう。

◆盛り塩

正式には、塩固め器などの器具で塩を三角錐《さんかくすい》や円錐形に固めて盛り塩皿に盛りますが、自分の部屋で盛り塩をする場合は、小皿に塩を少量盛るのでもOKです。それでも厄除《やくよ》けやお清め効果は十分得られます。

15

身だしなみ

人の内面は、想像以上に外見に表れるものです。初対面のとき、相手の性格や個性はわからなくても、見た目で「感じのいい人だな」「ちょっと苦手なタイプかも」などと感じ取れたりしませんか？

人の目を気にしすぎる必要はありませんが、髪の毛がボサボサだったり、服がシワシワだったりと清潔感のない身だしなみはいただけません。人を不快にさせますし、相手を軽んじているようで、とても失礼です。

ファッションで個性を表現するのも悪いことではありませんが、とくに集団生活においては、**TPOに合わせた服装や髪型、メイクを心がけて**。そうした配慮ができてこそ本物の個性が発揮でき、人を惹きつけられるでしょう。

また、上着を脱いだり着たりする際にも、その人の、人となりが表れます。脱ぎ方、着方が美しいとエレガントですし、衣服を大切に扱う「きちんとした人」という印象を周囲に与えることができます。

きちんとした服装

服装は「周りの人を不快にさせない」「失礼にあたらない」ことが大切。おしゃれより、清潔感を第一に。

MEMO

◆メイクは「適度」に

過剰なメイクはNG。ノーメイクも場合によっては失礼にあたることがあります。場面と状況に適したメイクを。

◆ネイルにもご注意

マニキュアをはげかかったままにしていると、だらしない印象を与えます。長すぎる爪も清潔感を感じられません。

◆公式な場所では〝ナマ足〟厳禁

オフィスやあらたまった場所に素足で行くのはNG。素足と相性のいいサンダルやミュールも公式な場には向きません。

✦ コート類の美しい脱ぎ方、着方 ✦

脱ぎ方

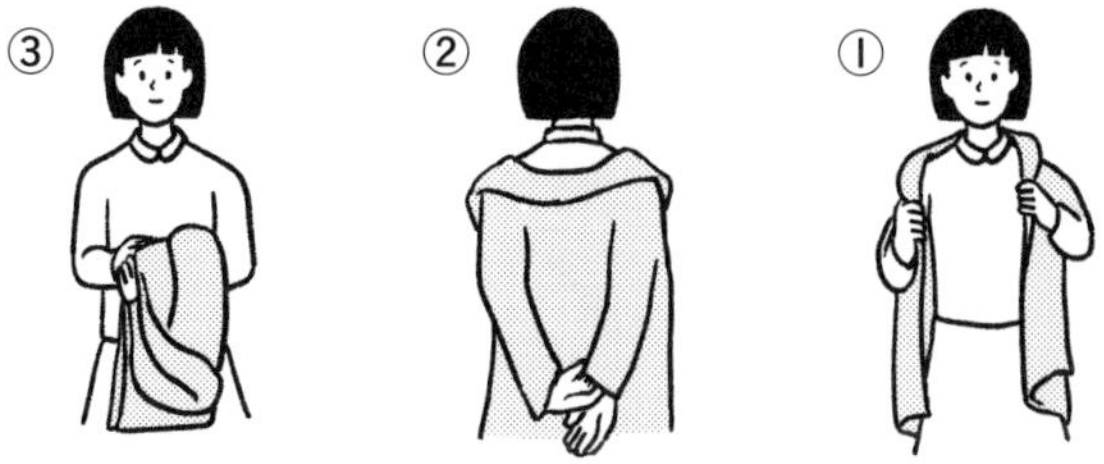

① 片方ずつ、袖から腕を抜くように。

② 左手で右と左の袖口を合わせて持つ。

③ 肩も合わせて持ち、形を整えて腕にかける。

着方

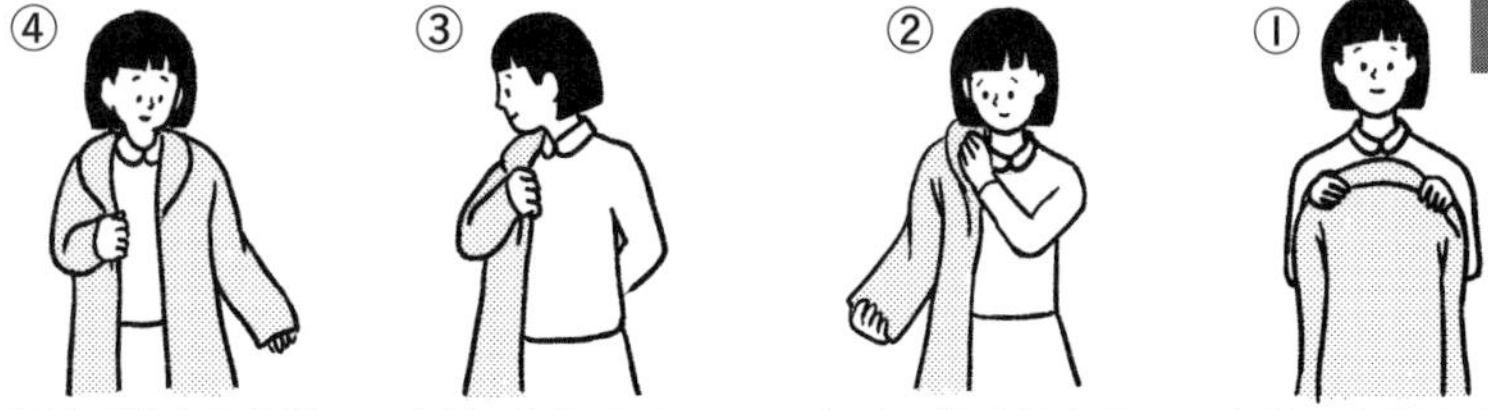

① 上着の内側を自分に向けて両手で持つ。

② 左手で襟ぐりを持ち、右の腕、肩までを袖に通す。

③ 右手で肩にかかった襟ぐりを持ち、左手を袖に通す。

④ 右手で襟ぐりを下に引きながら左の腕、肩まで通す。

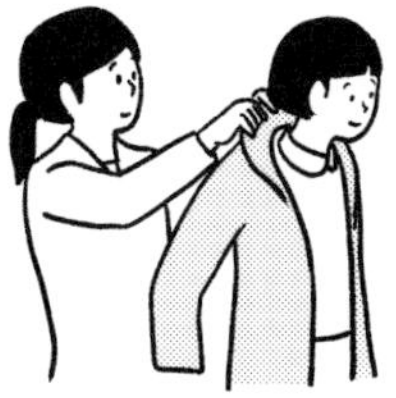

誰かに着させてもらうなら、両手をまっすぐ伸ばしてやや下方向に。手を回して自分から袖に通すのはNG。

MEMO

◆玄関に入る前に脱ぐ

よそのお宅を訪問するとき、家の中にほこりを持ち込まないよう、コートは玄関に入る前に脱ぎましょう。

◆コートの内側を見せない

コートを着るときには、内側を人に見せないよう、自分のほうに向けて持ちます。

◆人に着させてもらうとき

手を後ろに回して自分から袖を通さないように。顔も、正面を向いたままにします。そのとき、感謝の言葉を添えるのを忘れずに。

第2章

食事の作法

どんな場所でも恥ずかしくない

いつもの食事も感謝していただきましょう

江戸時代の儒学者《じゅがくしゃ》・貝原益軒《かいばらえきけん》が書いた、当時のいわゆるマナー本『五常《ごじょう》訓《くん》』にも「礼の初めは、飲食に始まる」とあります。「礼なければ、飲食をほしいままにして見苦しく、禽獣《きんじゅう》の行いに近し」とも記しています。

つまり、**食事の礼儀作法は、人として当然心得るべきもので、それが生活全般の礼儀作法の基本**だということです。

毎日3度の食事を正しい作法でいただくことが、すべての立ち居振る舞いを正しく身につけることにつながるのです。

食べるというのは当たり前の行為なのに、作法なんて必要なの？　と思うかもしれません。極端なことをいえば、誰もいない場所で自分ひとりで食事をするなら、どんな食べ方をしてもかまいません。

でも、たいていは家族や友人、ときには目上の方たちと食事をともにすることもあるでしょう。その人たちがリラックスして、食事を楽しめるようにするためには、音を立てて食べたり、口の中に食べ物が入った状態でおしゃべりをするなど、周りを不快にさせる行為はつつしまなければなりません。

そのために、食事の作法を身につける必要があるのです。食事作法には人間関係を円滑《えんかつ》にするための、先人の知恵がたくさん詰まっています。

さらに**心得として重要なのは、感謝の気持ち**です。食事を作ってくれた人、食材を育ててくれた人、それを加工してくれた人、そしてそれを運んでくれた人などなど、実にたくさんの人の尽力があって初めて、私たちは食事を口にすることができます。

そうした人たちに、そして自然の恵みへの感謝の気持ちを示すためにも、特別なときだけでなくふだんから、正しい作法にのっとって食べることが大切なのです。

そして、**食べる前には「いただきます」、食べ終えたら「ごちそうさま」。いずれも短いあいさつですが、食事に関わったすべての人、そして自然の恵みへの大きな感謝の気持ちが込められた素敵な言葉**です。決して疎《おろそ》かにせず、心から「いただきます」「ごちそうさま」を言うようにしましょう。

16

箸の使い方

食事の作法の中でも、とくに気をつけたいのが箸《はし》の使い方。和食においては、「箸に始まり、箸に終わる」といわれるほど箸の使い方は重要です。

箸は、2本の棒を片手で操り、つかむ、持ち上げるなどさまざまなことができる優れた道具。日本人の手先が器用なのは、幼い頃から箸を使うことで、細かな指の使い方や力加減が身につくからだといわれています。

ところが、最近は大人でも正しく箸を扱えない人が多いようです。あなたは、どうでしょうか。箸の使い方に自信がありますか？

箸の扱いには、その人の〝育ち〟や日頃の振る舞いがそのまま出てしまうもの。**誤った扱い方をしていると、自分で自分の品格を損ねることになります。**どこに出ても恥ずかしい思いをしないように、正しい箸の持ち方、使い方を覚えましょう。箸を正しく扱えれば、食べるしぐさも美しくなり、周りに与える印象もぐんとアップするはずです。

箸の持ち方

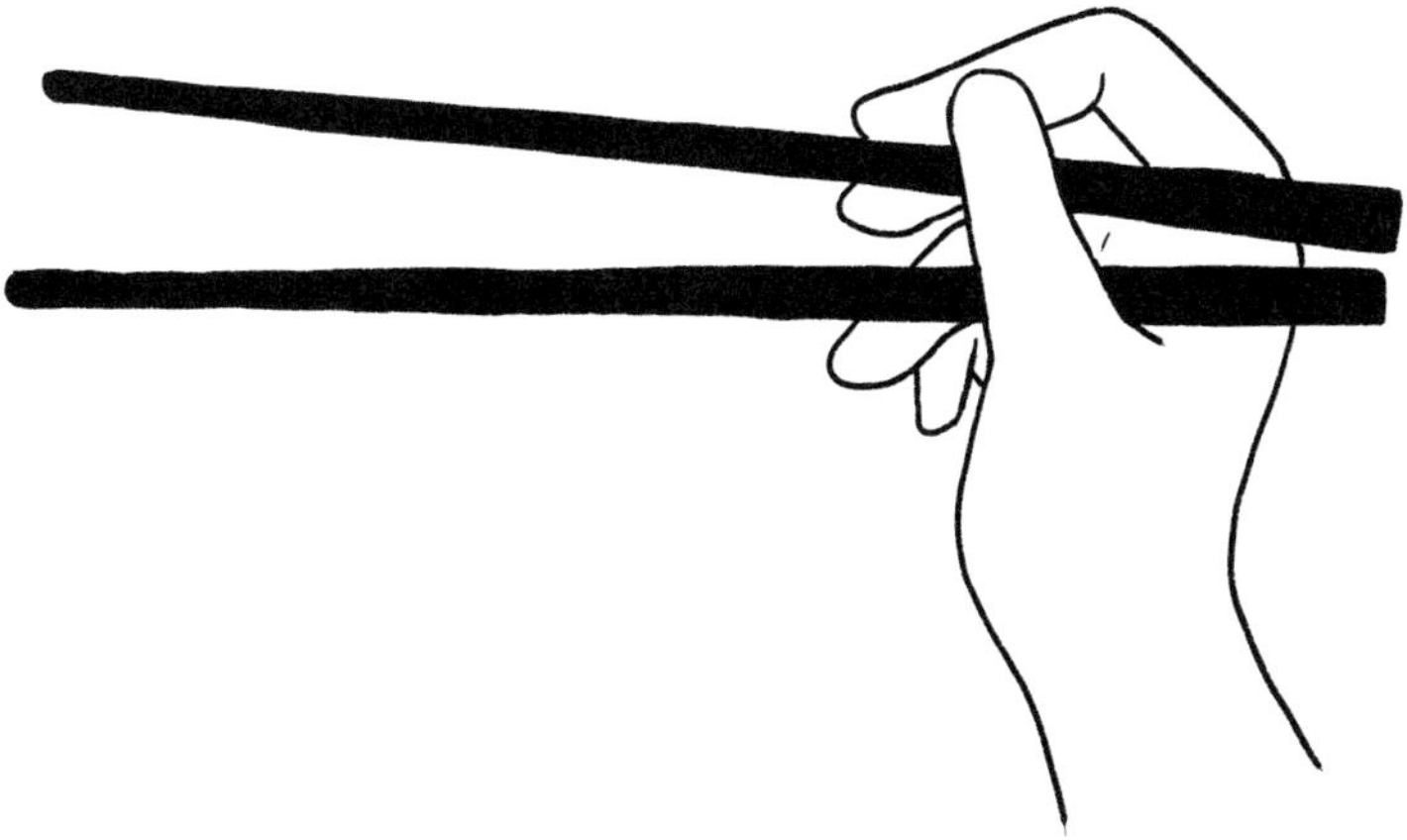

上の箸は親指と人差し指、中指の3本で持ち、下の箸は薬指の第一関節あたりで支え、人差し指と中指で箸を動かす。

MEMO

◆鉛筆を持つような要領で

鉛筆を持つつもりで箸を1本持ち、その下に箸をもう1本差し込むようにすると、正しい箸の持ち方になります。

◆親指を軸にする

箸を使うときは、親指を軸にして、上の箸だけを動かすようにしましょう。

箸の取り上げ方（かまえ方）

①

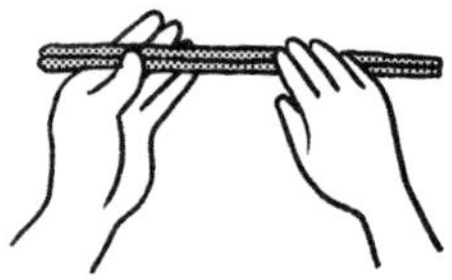

まず一礼をする。右手を下向きにして箸の中ほどを取り、下から左手を添える。

②

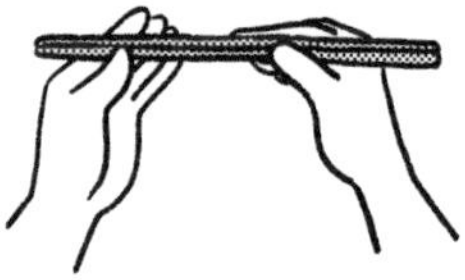

右手を箸に添って下に回し、持ち直す。

③

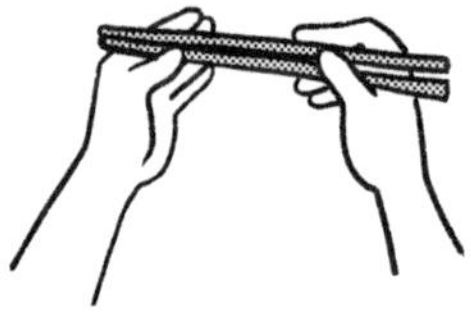

上の箸は、親指と人差し指、中指ではさみ、薬指の第一関節のあたりで下の箸を支える。

器を持ってから箸を取るとき

①

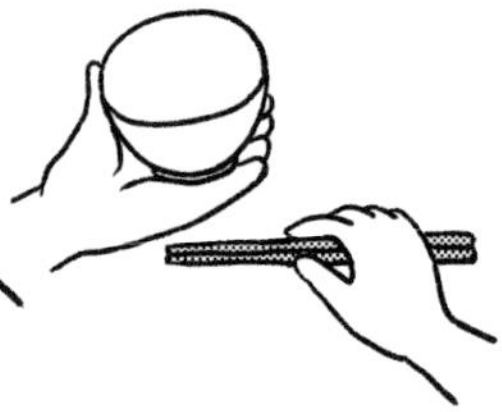

まずは器を両手で持って左手にのせます。右手で箸を取り上げる。

②

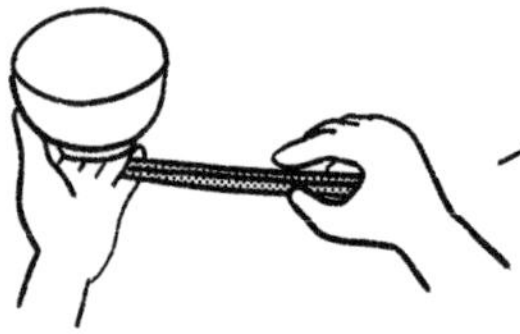

箸先を左手の薬指と小指の間にはさむ。

③

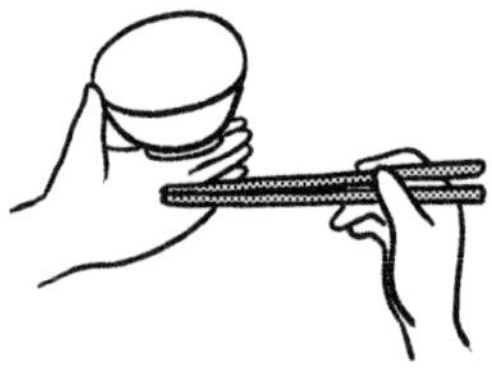

右手を横に滑らせるようにして箸を持つ。

17

つつしむべき箸使い

昔は、箸の使い方によって、子どもに食事のマナーを教えてきました。**一緒に食事をする人が「汚い」「見苦しい」と感じるような箸使いは、マナー違反です。**

ここでは、「嫌《きら》い箸」「忌《い》み箸」と呼ばれタブーとされてきた箸使いを挙げてみることにします。つい、うっかりやってしまっていたり、ＮＧな箸使いだとは知らなかった、などという人も多いかもしれません。

箸使いは毎日、毎食のことなので、一度くせがついてしまうとなかなか直せないもの。正しい箸使いを心がけるのと同時に、嫌い箸や忌み箸をしないよう意識しましょう。

箸はもともと、神様にお供えをするときの「神器」。とても神聖で大切な道具です。そう思えば、「正しく使おう」という気持ちになれるのではないでしょうか。

押し込み箸

一口で入りきらない量の食べ物を、箸で口の中にぐいぐい押し込むこと。

にぎり箸

箸を2本一緒に握って食べること。

もぎ箸

箸についたご飯を口で取ること。

つき箸

箸で料理を突き刺すこと。

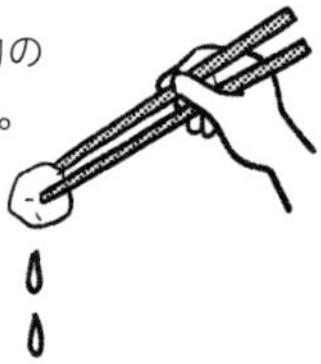

涙箸

箸先から、食べ物のつゆをたらすこと。

移し箸、箸渡し

箸から箸へ、食べ物を渡すこと。お骨《こつ》拾いを連想させるので厳禁。

MEMO

◆箸を振り回さない

もっとも不作法なのが、箸を振り回すこと。箸先についた汁が周りに飛び散ったり、同席者に当たったら危険です。

◆特別な日には祝い箸を

お正月やお祝いごとのあるおめでたい日には、祝い箸を使います。祝い箸は両端が細く、一方は神様用、もう一方を人が使う「神人共食《しんじんきょうしょく》」を意味します。中ほどが太くなっているのは米俵を模していて、五穀豊穣《ごこくほうじょう》を願うもの。子孫繁栄《しそんはんえい》にも通じるとして、「はらみ箸」とも呼ばれます。

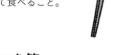

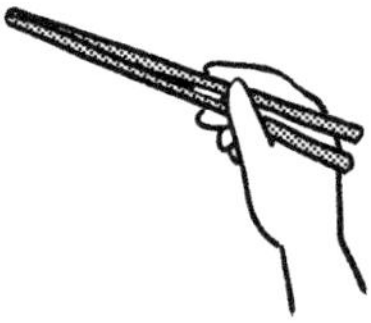

指し箸

人や物を箸で指し示すこと。

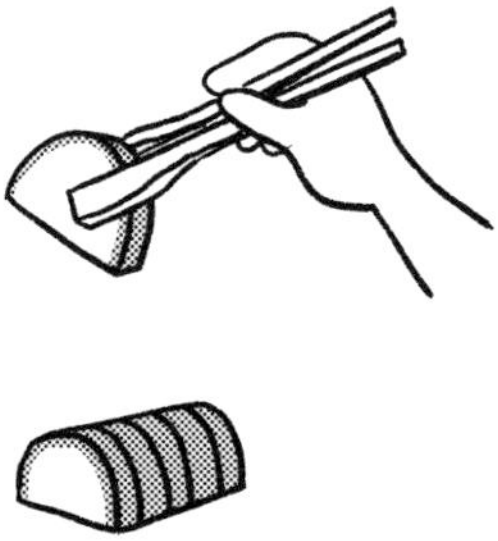

逆さ箸

大皿などから料理を取るとき、箸の反対側を使う「逆さ箸」(「返し箸」とも)は、箸を取り上げるときに手が触れてしまうのでNG。別に、取り箸を用意すること。

寄せ箸

箸で器を引き寄せること。

探り箸

料理の盛り付けを崩して、箸でかき分けるように食べたい物を探ること。

渡し箸

箸を器の上に渡して置くこと。箸を休ませるときは箸置きへ。

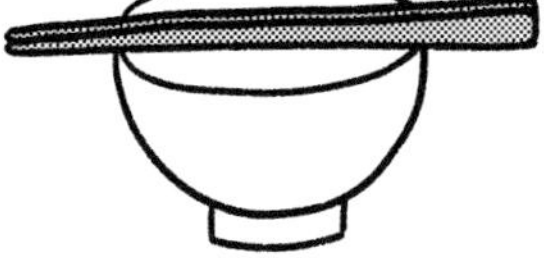

ちぎり箸

一膳の箸をばらして使うこと。

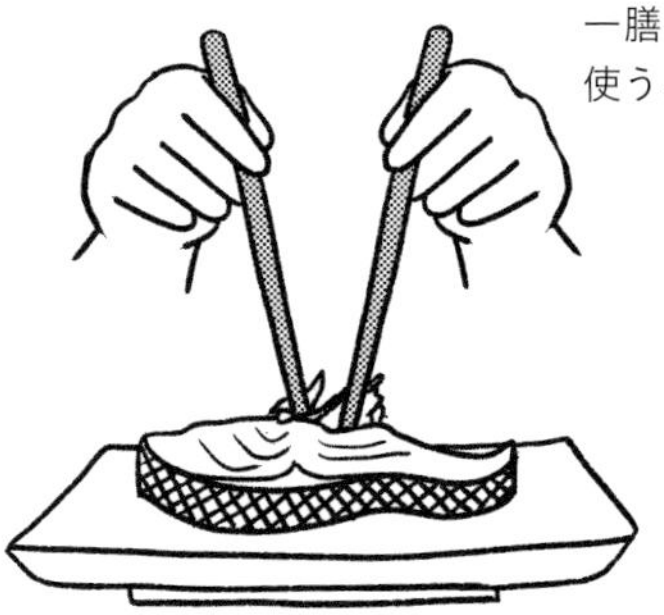

18

和食の基本　一汁三菜

和食の源流は「饗《さん》」、つまり「もてなし」です。氏神様《うじがみ》や年神様《としがみ》などに、旬《しゅん》の野菜や山海の幸を供えることから始まり、宴席《えんせき》を設けて客人をもてなすことが武家の習わしとなった室町時代には、献立や調理法、箸や器の使い方といった作法、季節やもてなしへの思いを演出するしつらい、さらに、それらを鑑賞することまで含めた「食のしきたり」が確立。そしてそれは、２０１３年に「和食　日本人の伝統的な食文化」として、ユネスコ無形文化遺産に登録されることとなりました。

和食の基本は「一汁三菜《いちじゅうさんさい》」。一汁三菜とは、ご飯と汁物、香の物（漬物）に、いくつかの菜＝おかずを添えるという組み合わせです。一汁三菜は、炭水化物、脂質、タンパク質、食物繊維、ビタミン・ミネラルといった、体を健やかに保つために不可欠な栄養素をバランスよく摂《と》ることができる、理想的な献立。それが肥満防止や長寿に役立つとして、世界的にも注目を集めています。

和食の基本

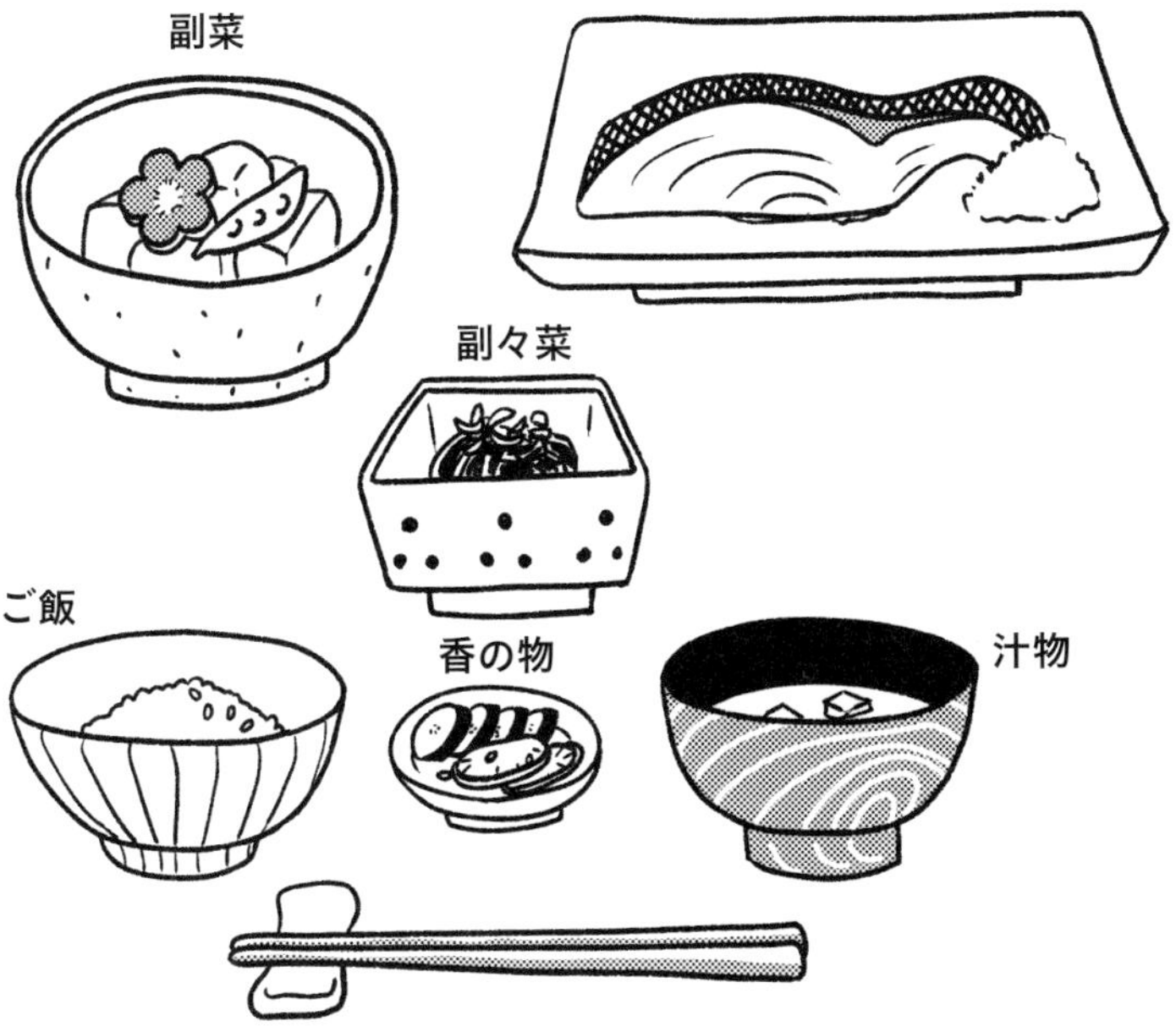

MEMO

◆三菜＝3品ではない

「一汁三菜」の「三菜」は、必ずしも3品添えるわけではなく、複数の「菜」を組み合わせ、味や素材のバランスを取ることが大切、という意味です。

◆器の配置

左手前にご飯、右に汁物、その間に香の物。副々菜、向こう側に主菜、その隣に副菜を並べます。器を手で持つものは左側に置きます。

19

器の扱い方

和食の最大の特徴であり、ほかの国の料理と大きく違うのは、器を手に持って食べることです。

器を持つときは、「体の中央より右にあるものは右手で、左にあるものは左手で扱う」のが基本です。無理をして右にあるものを左手で扱おうとすると、服の袖口や肘を器に当てて、料理をこぼしかねません。そんな粗相をしないためにも「右にあるものは右手で、左にあるものは左手で」という基本を守りましょう。

お椀《わん》など、ふた付きの器のふたを取るときも、右にある器は右手、左にある器は左手で。食べる前にすべてを開け、右にあるものは右手で器の右側に、左にあるものは左手で器の左側に置くようにします。

会席料理では、先に器を、次に箸を取り上げます。左手で器を持ちながら、スマートに箸を取り上げるのが正しい作法です。

お椀のふたの外し方（右側に器がある場合）

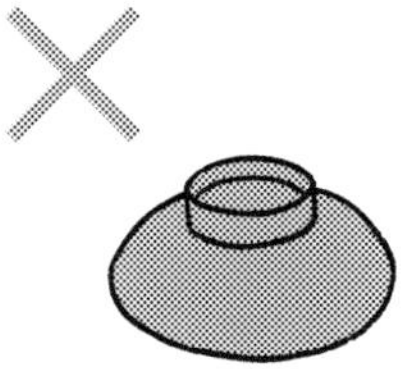

ふせる

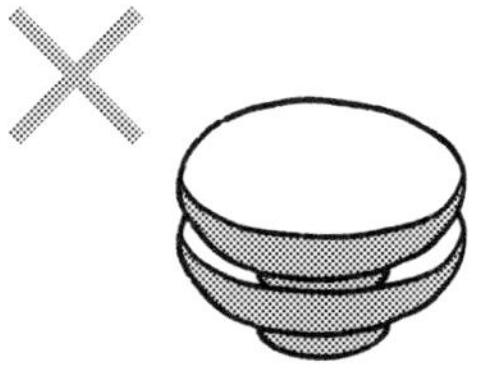

かさねる

①

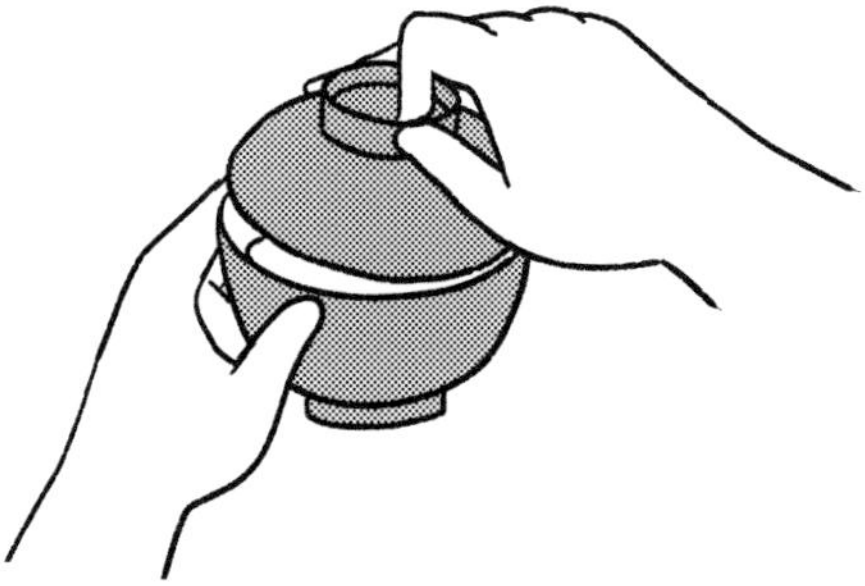

親指と人差し指で高台の手前を持ち、あとの指は伸ばして添える。

②

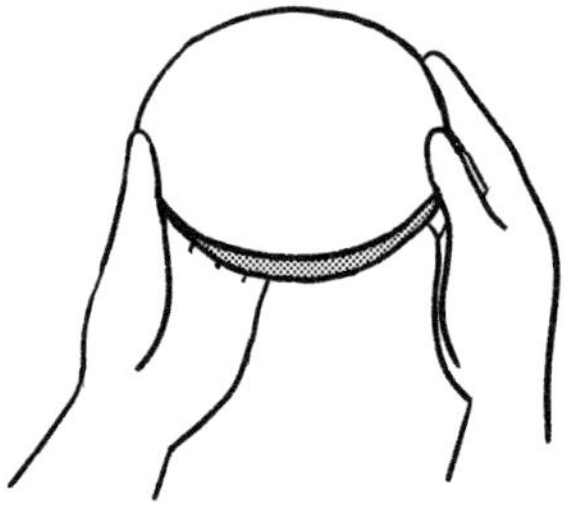

左手を添えてふたを裏返し、お椀の右横に右手で置く。

MEMO

◆しずくを切る工夫

ふたをお椀のふちに沿って時計回りに回しながらしずくを切り、左手でふたのふちを持ち、右手でふたのふちを持ち右手で置きます。

◆茶碗の持ち方

親指を茶碗のふちにかけ、残りの指で糸底を持ち、人差し指と中指、薬指と小指で糸底をはさむようにして持つと、安定します。

20

食べる順番

弔事《ちょうじ》のときは汁物を先に食べますが、基本的に食事をする際にはご飯から手をつけるのが正しい作法です。

大切なのは、おかずを続けて食べず、間にご飯や汁物をはさむこと。いずれも、先に食べたものの味が混ざるのを防ぐためです。

なお、香の物（漬物）はすぐに手をつけないこと。ご飯1膳めから香の物に手をつけるのは、「料理がまずい」という意味になってしまいます。

そもそも漬物を「香の物」と呼ぶのは、その昔、公家《くげ》や武家の間で流行した「お香」のときに使うものだったからです。ずっとお香をたいていたために麻痺《まひ》してしまった鼻をリセットするために、漬物を使っていたといいます。そのことから、食事の最初のほうで香の物に手をつける＝「おいしくない。鼻や舌をリセットしたい」という意味になったのでしょう。

順番

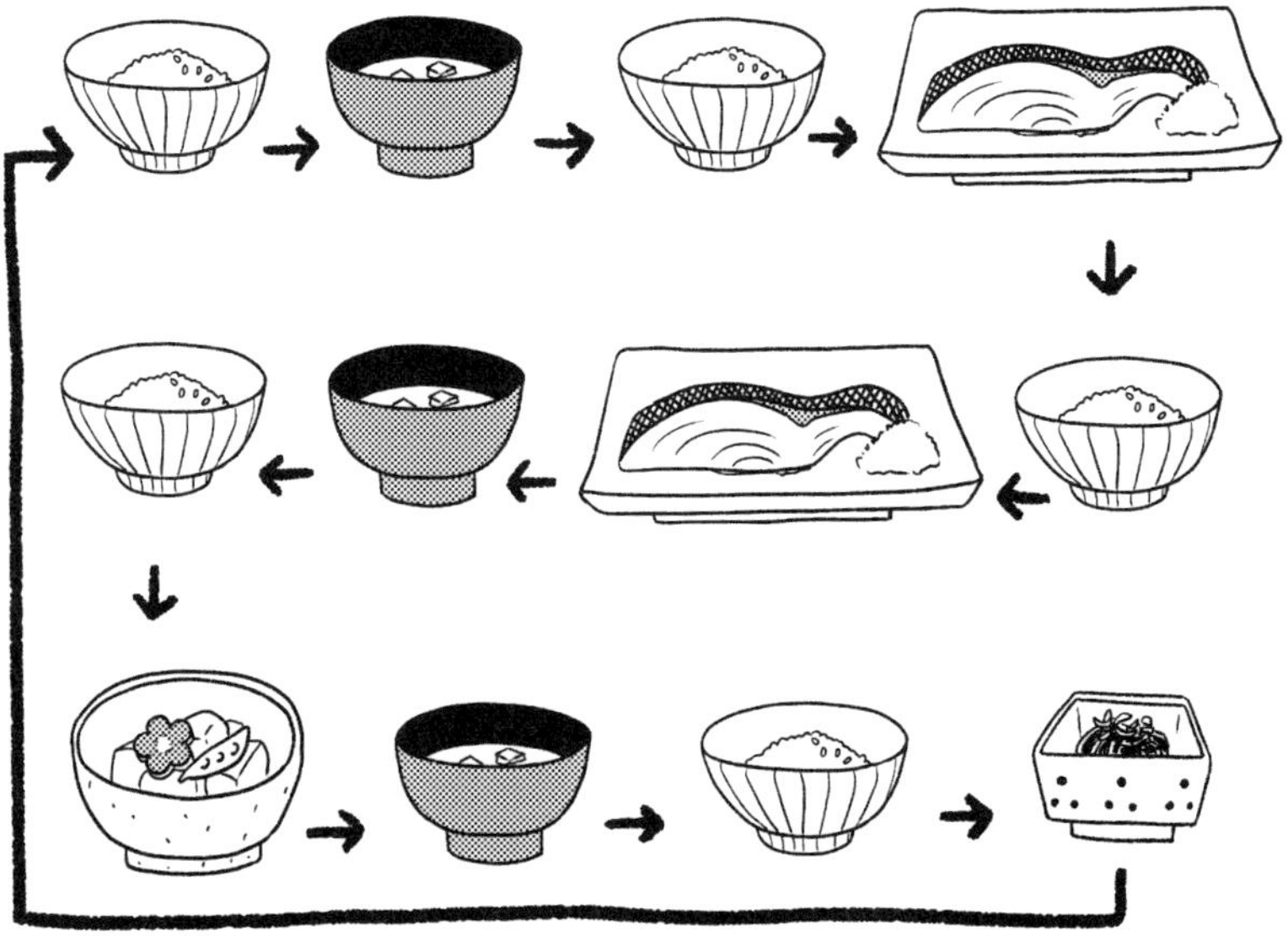

ご飯→汁物→ご飯→主菜→ご飯（または汁物）→主菜→汁物→ご飯→副菜→汁物→ご飯→副々菜→ご飯というように、おかずを続けて食べないようにいただく。

MEMO

◆基本は「ご飯」から

汁物から食べ始めるのは弔事のときのみ。慶事《けいじ》やふだんの食事のときは、ご飯から手をつけましょう。

◆「おかず―おかず」はNG

せっかくの料理の味が混ざるのを避けるため、おかずとおかずの間に必ずご飯か汁物をはさみます。

◆器は胸の高さで持つ

器は、体に沿って胸の高さに持ち上げて食べると、美しい姿勢に。食べ物のほうに顔を近づける食べ方は「犬食い」といわれ、嫌われます。

21

食べ方の決まりごと

食べ方のマナーとしてはまず、「音を立てない」こと。ピチャピチャと舌の鳴る音やクチャクチャと咀嚼《そしゃく》する音は、一緒に食事をする人に不快感を与えてしまいます。口を閉じて噛めば、これらの音を立てずにすみます。また、ものを噛んでいるときに話をすると口の中が見えてしまい、やはり周りの人にいやな思いをさせてしまいます。会話は、口の中にものが入っていないときにするようにしましょう。

おもてなしで食事をいただく際は、ご飯はおかわりをするのが礼儀。1膳ですませると、亡くなった人に供える「一膳飯《いちぜんめし》」を連想させ、縁起《えんぎ》が悪いとされているからです。ただし、現代では1膳しか食べられないときは、無理をしなくても大丈夫です。おかわりする場合は一口残しておきます、ご飯は3膳まで、汁物は2杯まで。3杯めは、すすめられても断るのが基本です。

なお、料理の盛り付けは崩さず、手前から箸をつけるようにしましょう。

つつしみたい食べ方

器を持つ

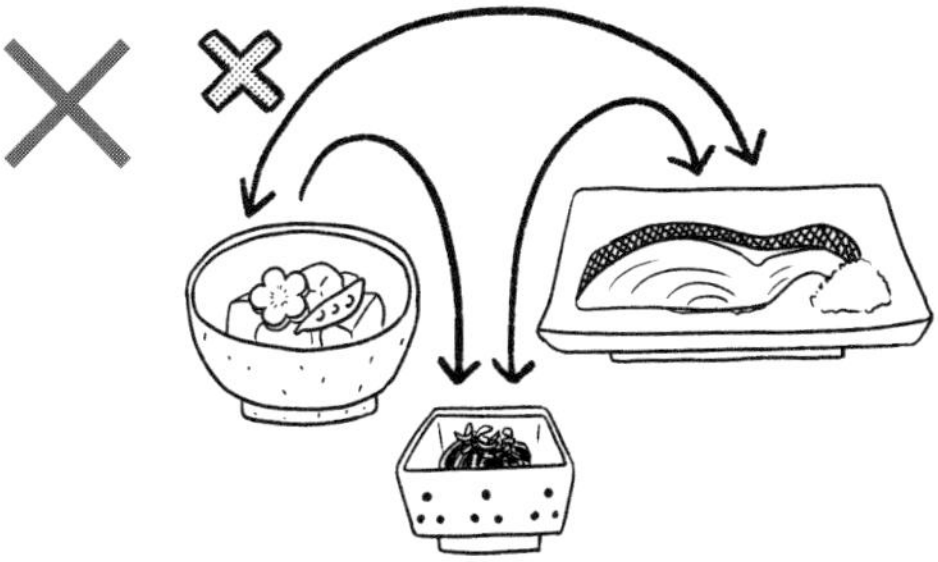

バランスよく順番に

音を立てない

「手皿」はNG！

MEMO

◆蕎麦は例外

蕎麦《そば》は、音を立てて勢いよくすすることで蕎麦の香りが楽しめるので、「すする」音なら立ててもOKです。

◆寿司は手で食べてもOK

職人さんが手で握ってくれた寿司は、箸を使わず手でつかんで食べてもOK。握りのうまさを十分味わえます。

◆「受け吸い」は禁物

おかわりをして、受け取ったご飯茶碗を食卓に置かずにいきなり箸をつける「受け吸い」は不作法なのでやめましょう。

外食する際に気をつけたいこと

テーブルの上にバッグを置かない。小さなバッグは背もたれと背中の間に置く。

おしぼりで顔を拭かない

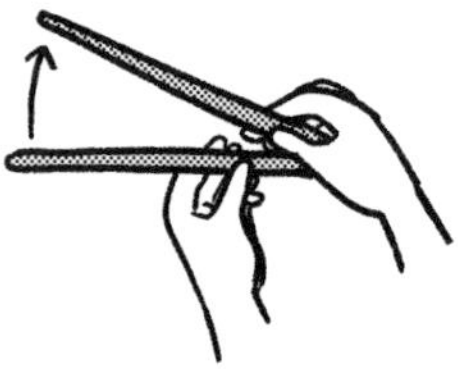

割り箸は勢いをつけて割らない。扇《おうぎ》を広げるように割る

MEMO

◆大きな荷物はクロークへ

大きなバッグやかばんなどは、クロークに預けるか足元に置きましょう。

◆割り箸をこすらない

割り箸を割ったら、箸どうしをこすらないで。扇のように広げて割れば、きれいに割れるはずです。

◆おしぼりで顔を拭くのは厳禁

おしぼりで顔や首すじを拭く人を見かけますが（いくら気持ちよくても）厳禁。おしぼりで拭いていいのは、手だけです。

22

日本料理について

世界が認める和食の特徴は、新鮮で多様な食材とその持ち味を尊重していること、栄養バランスに優れた健康的な食生活、自然の美しさや季節の移ろいの表現、正月行事など年中行事との密接な関わりです。この特徴がよくわかるのが、和食のルーツである「本膳料理《ほんぜんりょうり》」や「懐石料理《かいせきりょうり》」、そして料亭などでいただくいわゆる和食のフルコース「会席料理《かいせきりょうり》」です。

本膳料理は平安時代に誕生し、室町時代に完成した日本の正式なおもてなし料理。そのルーツは現在でも、冠婚葬祭《かんこんそうさい》や儀式の食事の中に残っています。

懐石料理は、茶席でお濃茶《こいちゃ》の前に出される軽い食事のこと。禅宗《ぜんしゅう》の修行僧が空腹をしのぐために、石を温めて懐《ふところ》に入れたことが、その名前の由来です。

会席料理は、江戸時代末期に、堅苦しい形式や作法を簡略化して誕生した、お酒中心の料理。現在、料亭や婚礼の席で供されるほとんどが、この会席料理です。

本膳料理

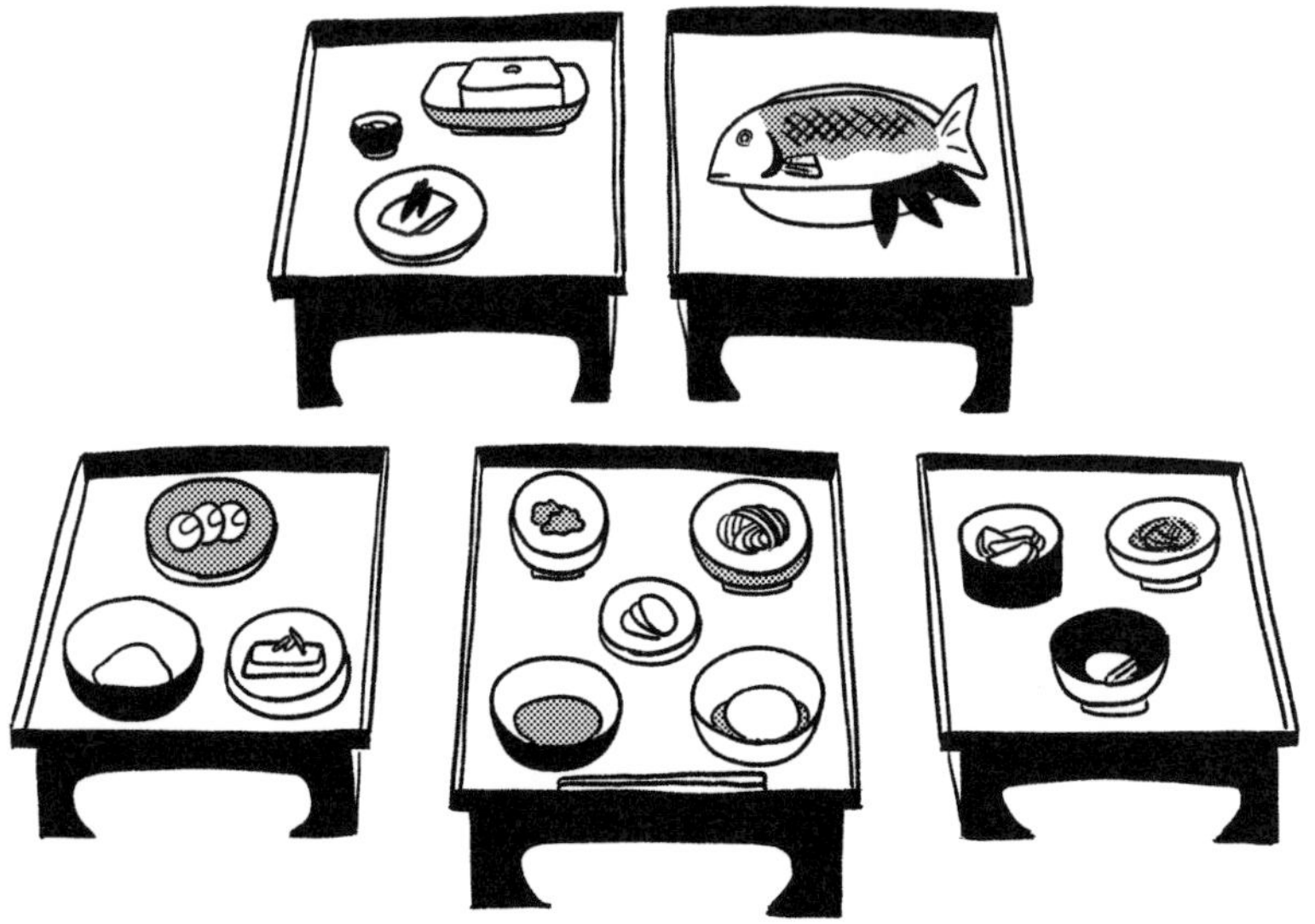

本膳から、二の膳、三の膳と食べ進める。四は「死」を連想させるので「与の膳」という。

MEMO

◆本膳料理

本膳のご飯と料理は一口ずつ交互に食べるのが作法です。ご飯を食べた後、酒宴へと進みます。なお、膳が多いほどおもてなし度が高く、五の膳、七の膳まで出されることもあります。

一度に料理が並ぶので、料理が冷めてしまうという欠点があります。

懐石料理

「一汁三菜」が基本で質素で淡白な味付けが特徴。

会席料理

酒の肴が最初に出てきます。そのあとは、運ばれてくるものから順に食べる。

MEMO

◆懐石料理

質素で淡白な味付けが特徴で、一汁三菜が基本。最初に一口のご飯と汁、刺身《さしみ》やなますが盛られた向付《むこうづけ》が出されます。その後、強肴《しいざかな》、八寸《はっすん》という、大きな器に盛られた料理が運ばれ、主賓《しゅひん》から順に取り分けながら器を回していきます。

◆会席料理

酒の肴が先に出て、ご飯と汁で締めるのが基本。運ばれてくるものから順に食べ進めます。ご飯は白飯、汁物は味噌《みそ》汁《しる》が一般的。

Column 1

旬の食材を食べよう

春夏秋冬、季節によって気温が上がったり下がったり、雨がたくさん降ったり降らなかったりと、自然環境が変わります。

そのため、野菜や果物、魚など自然環境の影響を大きく受ける食べ物には、量がたくさんとれる「旬《しゅん》」という時期があります。

今は、ハウス栽培や冷凍保存、チルドなどの技術が進んで、たいていのものは一年中食べることができますが、それらに比べ、旬のものはメリットがたくさんあります。

まず、旬の食材は量が豊富なので価格が安いこと。にもかかわらず、栄養価が高くて味もおいしいのが魅力です。

さらに、きゅうりやトマトといった夏が旬の野菜には体を冷やす効果あります。逆に冬が旬のほうれん草やいも類などには、体を温める効果があるのです。日本人は、日々の暮らしの中で自然の恵みをいただく知恵を持っていたのですね。毎日を健やかに過ごすためにも、旬の食材を積極的に食べましょう。

旬の食材は、俳句や詩歌《しいか》の季語にもなっています。ふきのとうやたらの芽が店頭に並んだら春を、新鮮なサンマを見かけたら秋を感じるというように、食べ物から季節を感じ取ってきたのです。そうした感受性は日本人ならでは。大切にしていきたいですね。

第3章

自然と人とつながる

思いやりの作法

世界に誇れる日本の文化「おもてなし」

明治の文明開化によって、日本人の生活習慣は大きく変わり、西洋式のマナーが取り入れられるようになりました。とくに若い世代にとっては、もはや西洋式のマナーや生活様式のほうがなじみ深く、日本の伝統的な礼儀作法には戸惑いを覚える人も多いかもしれません。

でも、日本には「おもてなし」という素晴らしい文化があります。

「おもてなし」という言葉は、「表なし」に由来するといわれています。

西洋にも「ホスピタリティ」の精神がありますが、それは「顧客が望んでいることを精一杯に叶えること」だといわれています。一方、**「おもてなし」**は**「表なし＝表裏がない」心で、「誰に対しても、思いやりをもって接すること」**といえましょう。

おもてなしの精神は、お客様をお招きしたときはもちろん、よそのお宅を訪問する際にも大切です。

相手に敬意を表し、迷惑をかけたり不快な思いをさせたりしないこと。そのために、たとえば、相手の都合を伺ってから訪問する、玄関先であいさつするだけのときでも、玄関に入る前にコートやマフラー、手袋などを外す……というのが、思いやりのマナーです。

訪ねたら、部屋を汚したり物を壊したりしないよう気をつけます。それは、大切なものを傷つけ、さらに部屋を片付けるという手間をつくって、相手に迷惑をかけてしまわないためです。そうしたことを防ぐために、作法を身につける必要があるのです。

おもてなしのマナーも作法も、「いちいち、めんどくさい」と思うかもしれません。でもそれは、**相手への敬意や思いやりを示すためのもの**。仲のよい相手であっても、いえ、仲がよいからこそ関係を悪くしないために、正しいマナーや作法を心がけましょう。

正しいマナーや作法を身につけることは、自分のためでもあるのです。**相手に「気遣いのできる人」と好感を持たれる、つまり自分自身の価値を高めるためのもの**。そう考えると、マスターしようという気持ちになりませんか？

23

玄関での作法

家の中で、靴を脱いで生活をする日本では、外のほこりやゴミを家の中に持ち込むことを嫌います。上着は玄関に入る前に脱ぎ、表を中にして畳む「裏畳み」にし、帽子やマフラー、手袋も外しましょう。靴も、靴裏に土やゴミがついていたら、外で落とします。

靴については、「脱ぎ方ひとつで育ちがわかる」といわれるほど。脱ぎっぱなしにしないのはもちろんのこと、**脱いだ靴はつま先を外側に向けてそろえます**。これは、見た目を美しく整えるだけでなく、帰り支度をして、すぐに靴を履いて出られるようにするためです。

なお、よそのお宅にお邪魔するときは、夏でも素足はNG。足の脂で、スリッパや床を汚してしまいます。もし、素足で履くタイプの靴やサンダルで伺う場合は、必ず靴下を持参しましょう。

玄関では「相手に背を向けない」というのも大きなポイントです。

靴をそろえる

後ろを向いて靴を脱ぎ、そのまま後ろ向きに玄関に上がるのは、出迎えてくれた人に失礼にあたるので、玄関では正面を向いてまっすぐ上がるようにする。靴をそろえるときは、相手にお尻を向けないよう斜めに腰を下ろして跪座《きざ》になり、靴の向きを変えて下座（靴箱のあるほう）に寄せておく。

MEMO

◆到着は4～5分遅れが正解

客を迎える側の人は、準備で何かと忙しいもの。あえて数分遅れて到着するのが心遣いです。

◆下座の足から

玄関に入るとき、お宅へ上がるときには必ず、下座側（靴箱のあるほう）の足から踏み出すようにしましょう。または、お迎えの人がいる反対の足から上がります。相手に近いほうの足から上がると相手をけっとばすような形になるからです。

24

和室のしつらいと作法

畳を敷き詰めた日本の伝統的な部屋である「和室」にも、作法があります。今では和室のない家もずいぶん増えましたが、あらたまった席や訪問先などでお座敷に通されたときに戸惑うことがないよう、最低限の約束ごとを覚えておきたいものです。

和室のしつらいとしては、**畳のほかに、襖《ふすま》、障子《しょうじ》、欄間《らんま》、床《とこ》の間、床柱《とこばしら》、床脇《とこわき》、鴨居《かもい》、敷居《しきい》などがあります**。

いずれも木や紙、い草といった自然の素材が使われているため、乱暴に扱うとすぐに傷《いた》んでしまいます。とくに訪問先では、勝手に部屋のあちこちを触らないようにしましょう。

なお、和室では、正座をはじめとして低い姿勢で過ごすことになりますが、そうすると、床に落ちているほこりや塵《ちり》が目につくものです。ですから、そのほこりや塵が立たないような動き方をする必要があります。

和室のしつらい

MEMO

◆踏んではいけない場所

和室に通されたとき、踏んではいけない場所が3つあります。1つ目は「敷居」。敷居を踏むと引き戸の開閉の具合が悪くなり、その家の人に迷惑がかかるからです。

2つ目は「畳のへり」。昔、畳のへりには絹や麻など高級素材が使用され、家紋《かもん》が入っていることも多かったので、それを踏む＝家の格式を踏みつける非礼にあたるから。

3つ目は「座布団」。相手のもてなしの心を踏みにじる失礼な行為となります。

25

上座と下座

第1章の冒頭で、生活の作法を理解するためのキーワードとして、「上座・下座」の考え方をご紹介しました。和室での作法も、「上座・下座」を意識することがポイントとなります。

訪問先で部屋に案内され、すすめられた席があれば、その場所に座りましょう。どこに座るべきかわからなければ、まず部屋の下座に座ります。

和室では、基本的には床の間の前が上座で、部屋の入口から近い場所が下座です。床の間とは、床を1段高くして設けられた場所のこと。私たちのご先祖様を祀《まつ》った場所です。現代においても、床の間は神聖な場所として、和室の中で最上位の場所とされます。

本来、床の間は両脇に「床脇」という空間があるのが正式ですが、床と床脇がひとつの場合は、向かって右に床があるものを「本勝手《ほんがって》」、向かって左に床があるものを「逆勝手《ぎゃくがって》」といいます。

和室の上座、下座

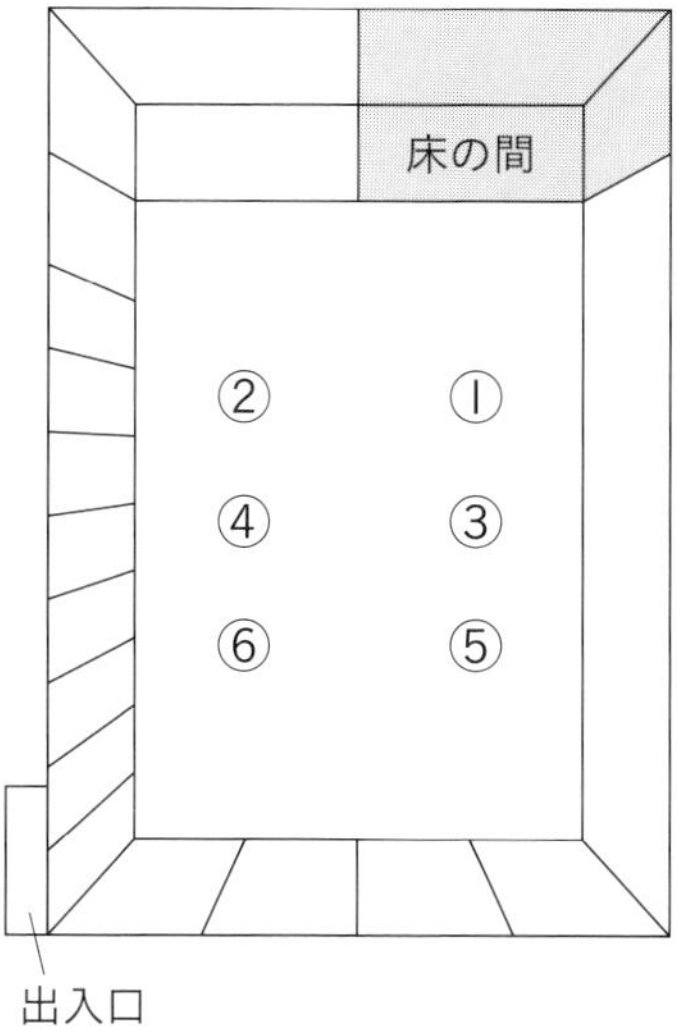

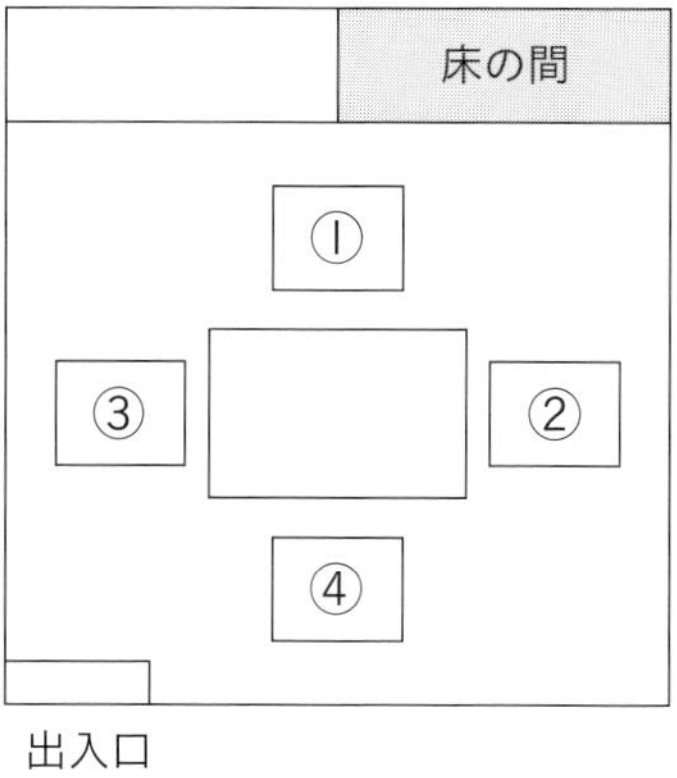

向かって右にある「本勝手」という床の間の場合、床の間の前が上座、床の間に向かって右側が上座の次、左側がその次。出入口にいちばん近い席が下座。

MEMO

◆床の間がない和室では

床の間のない和室の場合、もっとも眺めのよい場所、または出入口から遠く、落ち着きのある場所が上座です。反対に、出入口に近い場所が下座、下座のうちもっとも出入口に近い場所が末座《まつざ》です。

◆横長の宴会場の場合

床の間のある横長の和室の場合は、床の間の前が最上位席。その向かいが第2位、最上位の隣が第3位、その向かいが第4位……と序列の順に床の間の前、向かい側の奥から出入口へと並びます。

洋室の上座、下座

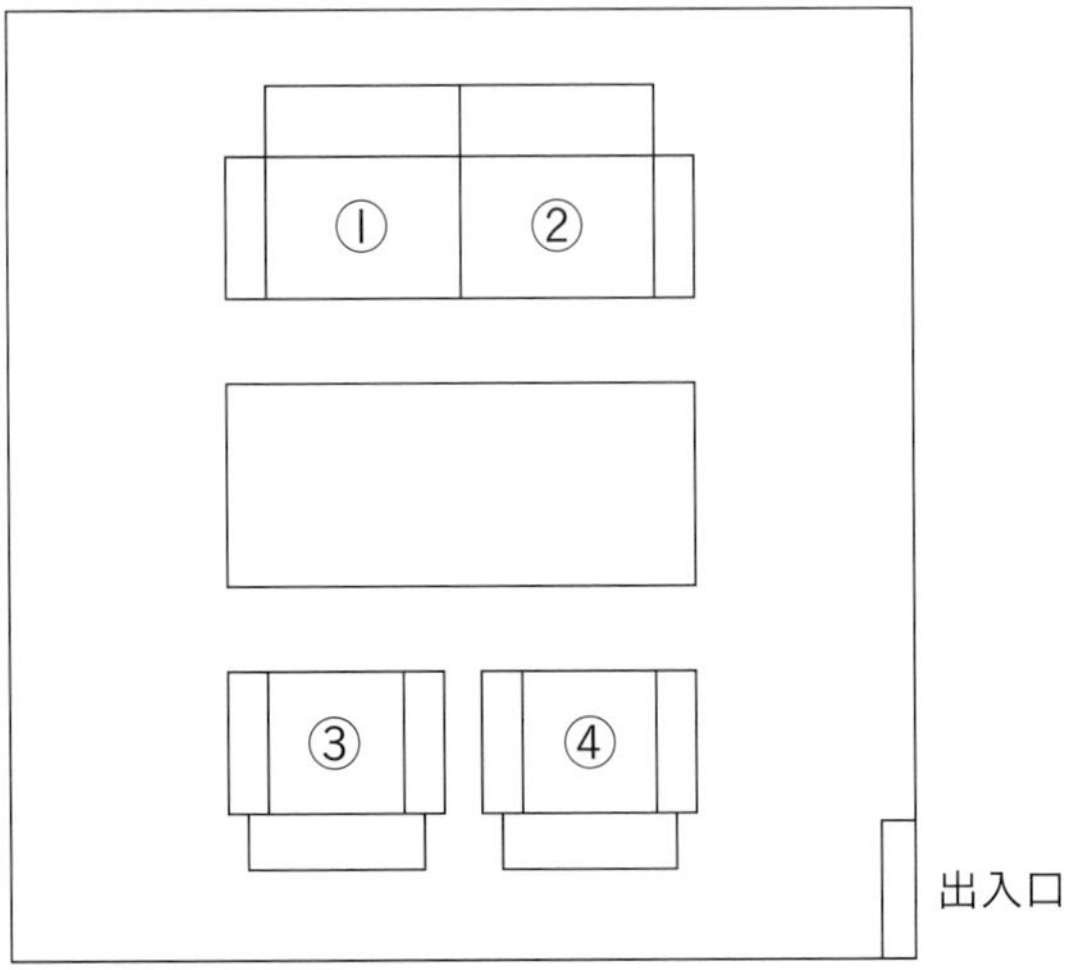

備え付けのマントルピース（暖炉）や飾り棚があるところが上座。それらがない場合は、入口から遠いほうが上座。数人がけのソファがある場合は、入口から遠い席が最上位の席になる。

MEMO

◆応接セットがある場合

応接セットが置かれている場合は、ソファの入口から遠い席が第1位の席。なお、長いソファに2人で座る場合は真ん中をあけるようにします。

◆日本と西洋の違い

日本では一般的に、上位者が太陽の通る南を向いたとき、東が上位、下位者から見ると向かって右が上座です。対して西洋では、上位者が太陽が上る東を向いたとき、暖かい南が上位（上位者から見て右が上位）、つまり下位者から見て向かって左が上座です。

円卓、タクシー

◆円卓

左上位で並ぶ。

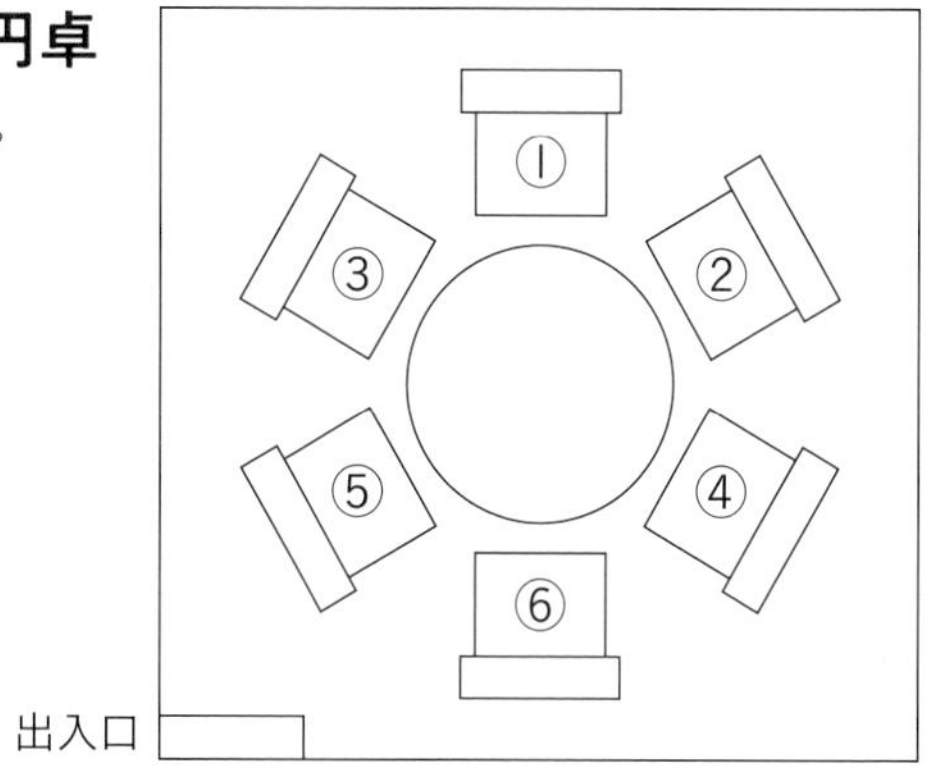

◆タクシー

右上位。

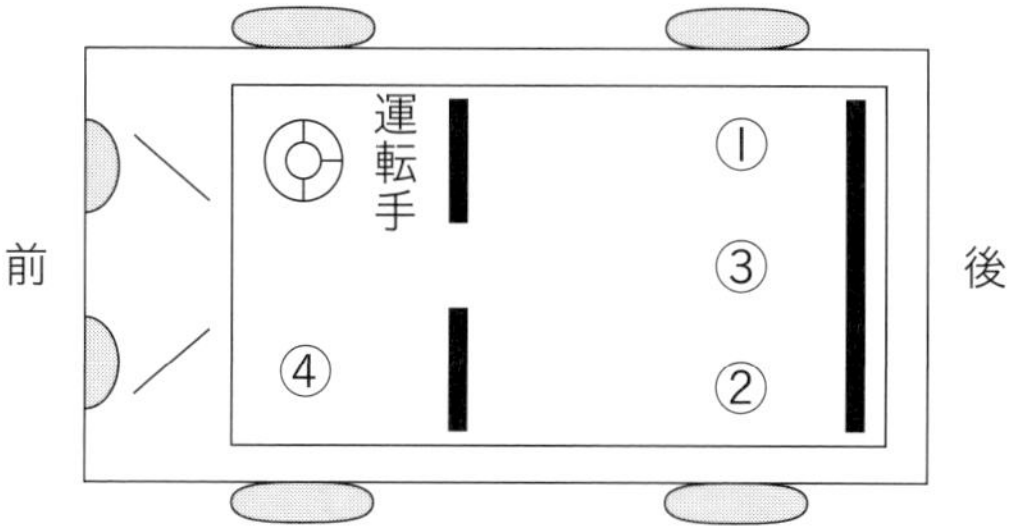

MEMO

◆円卓

円卓の場合は入口からもっとも遠い席が第1位、その人から見て左側が次席です。

◆タクシー

運転手の真後ろの席が第1位の席（右上位）。事故に遭った場合、ケガをする確率が低いため上席といわれています。ちなみに最下位は助手席です。オーナードライバーの車は助手席が第1位。

◆エレベーター

エレベーターでは向かって左奥が上席で、入口近く、ボタンのそばが最下位となります。

26

手土産のマナー

よそのお宅を訪ねる際には、手土産《てみやげ》を持参するのがマナーです。あらかじめ用意しておきましょう。当日になって、訪問先の近所で買い求めるのは、「とりあえず間に合わせました」と言っているようなもので、失礼にあたります。

手土産は、自分の趣味や好みを優先するのではなく、相手が喜ぶもの、失礼にならないもの、受け取って迷惑にならないものを選びます。高価なものである必要はありません。**大切なのは、相手のことを思い、敬意を表すものを選ぶこと**です。

手土産を渡す**タイミングとしては、部屋に案内され、あいさつが終わってから、お茶などをいただく前に渡すのが正しい作法**です。

このときの重要なポイントは、紙袋から出して渡すこと。紙袋は持ち運ぶための道具で、外のほこりや塵がついています。畳んで、自分で持ち帰るようにしましょう。

手土産の渡し方

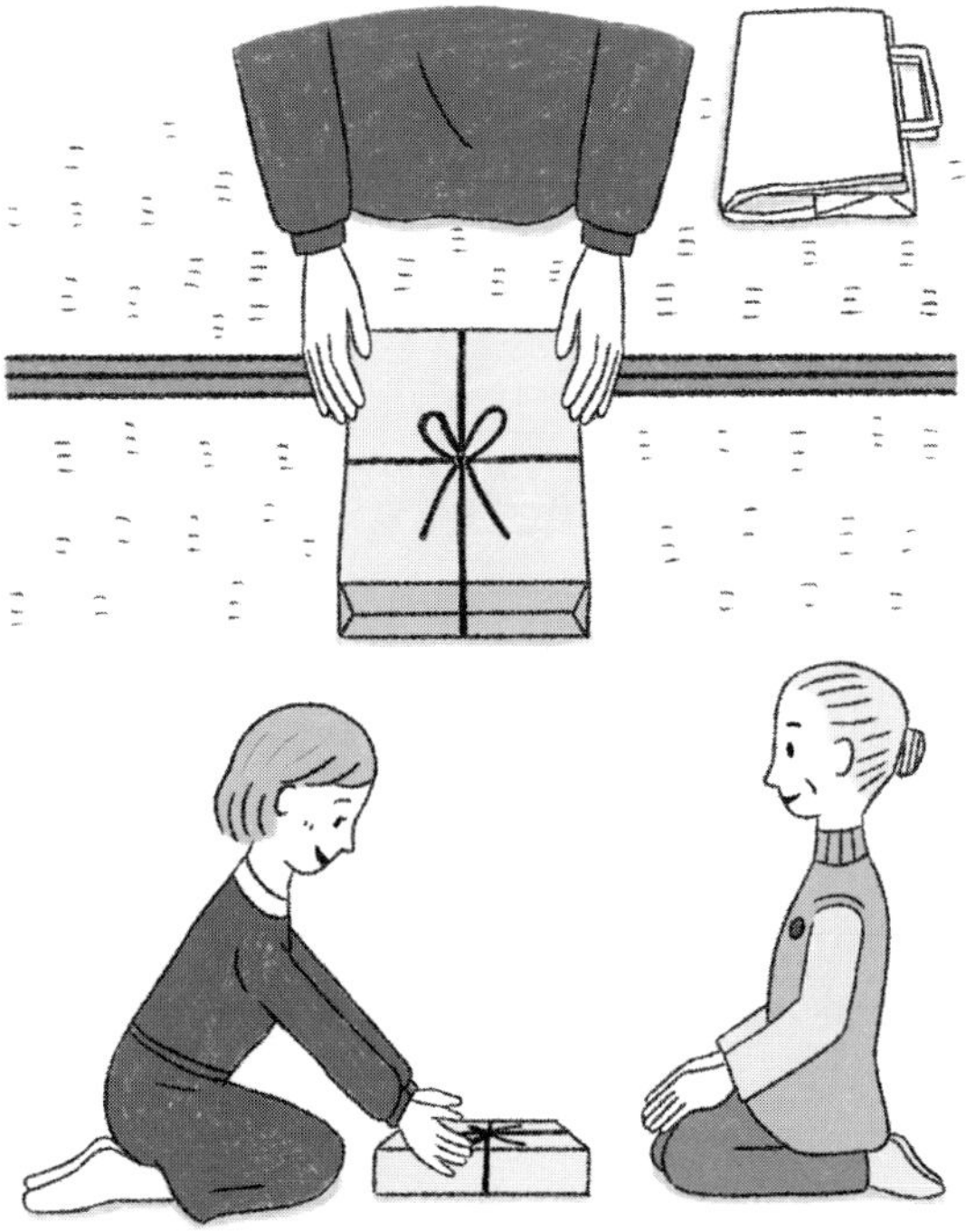

手土産を取り出したら、品物の正面を自分に向けて畳の上に置く。次に、品物の正面を相手に向け、言葉を添えて両手で差し出す。

MEMO

◆相手のことを考えて

品物は相手の好みや家族構成などを考えて選びましょう。

◆あいさつがすんでから

手土産は、あいさつが終わってから、お茶などをいただく前に渡すのが正しい作法です。ただし、鉢植えの花など、部屋に持ち込まないほうがいいものは、玄関で渡してもOK。

◆紙袋から出して渡す

手土産を紙袋のまま渡さないこと。紙袋は外のほこりをまとっているので、自分で持ち帰りましょう。

27

お茶のいただき方

お茶やお菓子は、**相手にすすめられてからいただくのが大原則**。ただし、すすめられてすぐに手をつけるのは、不作法です。少し間を置いてから、いただくようにしましょう。

日本茶で、ふた付き茶碗の場合は、ふたを取るとき、ふたの裏にしずくがついているので、畳やテーブル、茶托《ちゃたく》に落として汚さないよう注意。左ページの作法にしたがえば、失敗しません。

紅茶やコーヒーをいただくとき、ソーサー（受け皿）は基本的には手に持つ必要はありません。持ったほうがいいのは、テーブルの位置が低いなど、カップが置かれた場所が口元から離れている場合です。

こぼしたり、茶碗やカップを落とすなどの粗相が起きないように、茶碗やカップを手に取ったら体に沿うように上げていきます。そして、口元まできたらいただきます。口から茶碗やカップに近づけていくのは美しくありません。

日本茶のいただき方

①

茶碗に左手を添え、右手でふたを持ち上げて静かに傾け、茶碗の中にしずくを落とす。

②

左手、右手とふたを持ちかえて茶托の右向こうにふたを差し込む。

③

左手を茶碗の糸底に添えて、右手で持ち上げる。このとき、右手の親指を手前にして茶碗を持ち、お茶を飲み終わったら、ふたを取ったときと逆の順で元に戻す。また、席を離れる前には器を下座側に寄せてから立ち上がるようにする。

MEMO

◆両手でていねいに

お茶を飲むときも、茶碗を茶托に戻すときも、両手で行います。

◆茶碗を体と平行に持ち上げる

お茶は、体と平行に茶碗を持ち上げて飲むときれいです。

◆コーヒー・紅茶の場合

まず砂糖を入れてかき回し、表面すれすれでスプーンをいったん止めてサッと持ち上げると水分がきれいに取れます。そのスプーンをカップの向こうに置きます。

28

お菓子のいただき方

お茶とお菓子の両方が出された場合、どちらを先にいただいてもかまいませんが、煎茶《せんちゃ》や紅茶など繊細なお茶の味わいを楽しむには、お茶から先にいただくのがいいかもしれません。

ここでは、和菓子のいただき方をご紹介しましょう。

生菓子や羊羹《ようかん》など、一口で食べられない大きなものは、添えられたフォークや楊枝《ようじ》で一口大に切り分けます。最中《もなか》や大福など、手で食べるものは、表面の粉を落としてから、手で割っていただきます。

お菓子を口元に運ぶときは、手を受け皿にせず、取り皿か懐紙《かいし》を使いましょう。食べ終わったら、懐紙を畳んでフォークや楊枝を中に折り込みます。食べきれなかったお菓子は、懐紙に包んで持ち帰りましょう。包み方は、まず、懐紙の手前を斜めに折り、次に左、右の順で折り、向こう側を手前に折り、余った部分を下に折り返します。

和菓子のいただき方

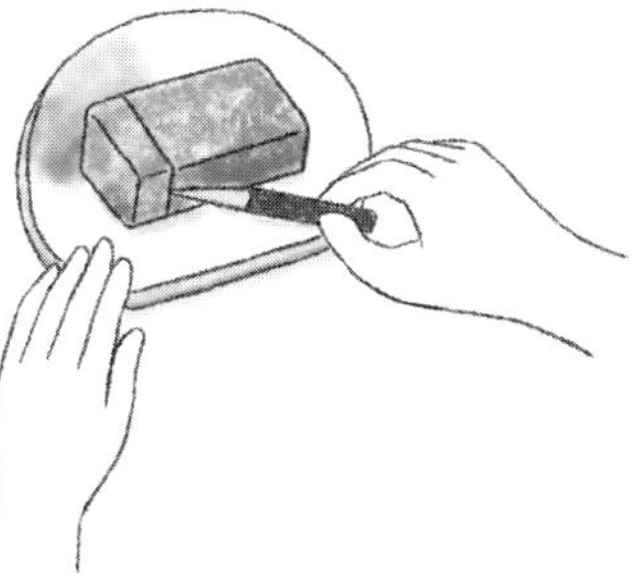

生菓子や羊羹などは一口大に切る。

最中や大福などは、表面の粉を敷き紙やお皿に落としてから、手で割る。

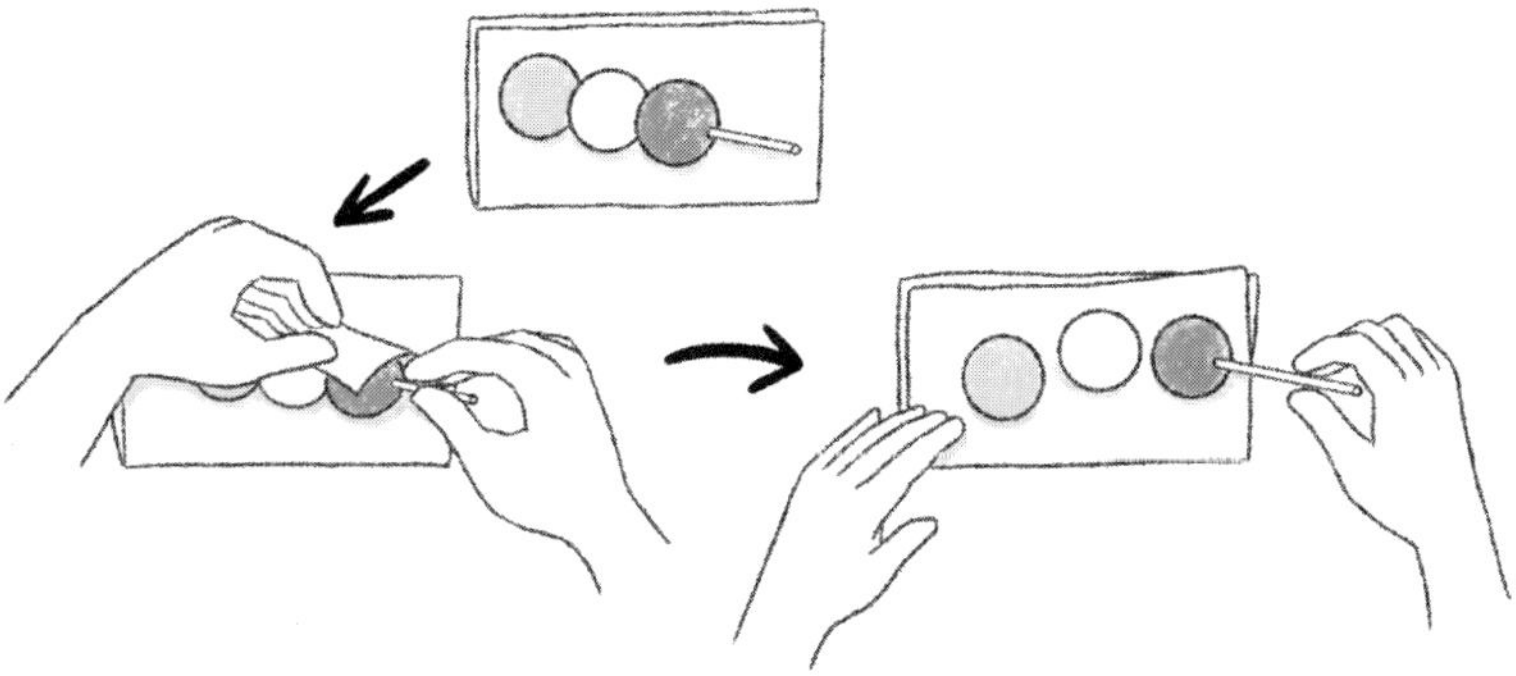

お団子などの串物は、敷き紙（懐紙）で押さえて串をつまんで外し、ひとつずつ串で刺して食べる。

MEMO

◆苦手なものは手をつけない

出されたお菓子が苦手だった場合には、手をつけなくてもOK。一口だけいただいて残すほうが不作法です。「食事をしたばかりなので」などと、上手に断って。

◆食べ終えたら

お菓子を食べ終えたら、敷き紙を畳んで黒文字《くろもじ》（楊枝）をその中に折り込みます。黒文字に袋がついている場合は、その中に戻し、袋の端を折り返しておきます。

29

懐紙の使い方

あらたまった席で日本料理をいただくときや、お茶席などに出席するときには「懐紙《かいし》」を持っていきましょう。

懐紙とは、文字通り懐《ふところ》に入れて携帯するための、小ぶりで二つ折りの和紙のこと。使い方は幅広く、平安時代からちり紙や便箋《びんせん》代わりとしても使われていたようです。

懐紙の大きさは、男性用17・5×20・5㎝程度、女性用14・5×17・5㎝程度のものが一般的です。正式な茶席では白無地を使いますが、ふだん使いなら男女兼用、色柄ものでもかまいません。

懐紙の折り方は、「真《しん》・行《ぎょう》・草《そう》」の3種類。「真」は基本の折り方でもっとも格が高く、あらたまった席で使います。使い方のポイントとしては、いずれの折り方でも慶事では、「輪《わ》」を手前に向けて使うこと。弔事では、逆に「輪」を向こう側に向けて使います。

懐紙の基礎知識

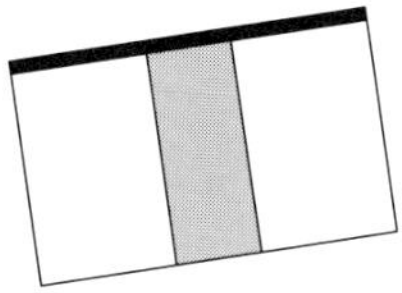

真 格の高い、基本の折り方

慶

弔

慶事は輪を手前に向け、横半分に折り、弔事は輪を向こう側に向け、横半分に折る。

行 真を崩した形

慶

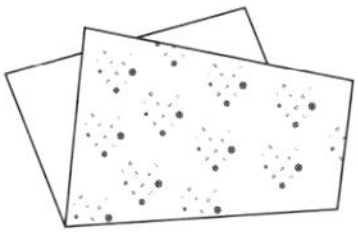

弔

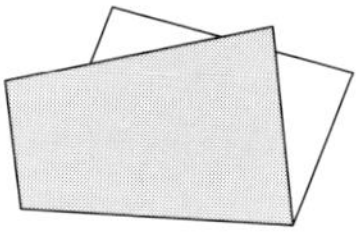

草 ふだんのおもてなしに

慶

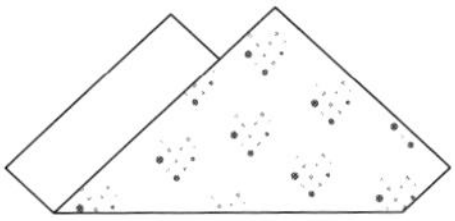

弔

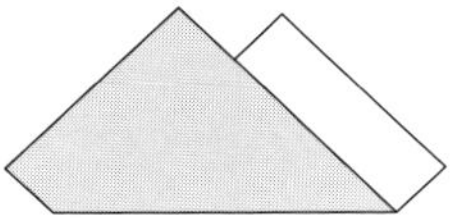

MEMO

◆使い方いろいろ

懐紙はお菓子をのせるときだけでなく、箸袋にしたり、受け皿として使ったり、口元を隠すときに使ったり、一筆箋として使ったりと、いろいろな用途に使えるので、持ち歩いていると重宝します。

30

風呂敷の使い方

日本には「包む」文化があります。お金や品物を和紙で包む「折形《おりがた》」は、公家《くげ》の礼法のひとつでした。それがやがて武家の間に、江戸時代には庶民の間にも広がりました。

包む際に欠かせないのが、風呂敷《ふろしき》です。風呂敷は日本発祥で、その原型は、奈良時代に「ツツミ」と呼ばれていた布だといわれています。

風呂敷は、正方形のシンプルな1枚の布ですが、包み方によって実にいろいろなものを包むことができる、いわば魔法の布です。四角い箱を包むだけでなく、お酒などのびん状のものや、すいかなど丸いものも包めますし、そうすることで持ち運びも便利。また、最近ではバッグ代わりにしている人も見かけるようになりました。

風呂敷で包むという行為は、「大切な品を包む」という気持ちを表します。手土産も、紙袋ではなく風呂敷で包んでお渡しするのが大人の作法です。

気軽なお届け物に「お使い包み」

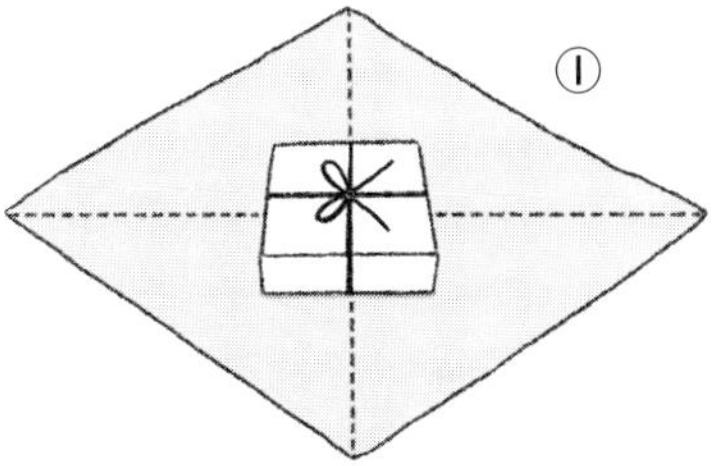

風呂敷の中央に品物を置く。

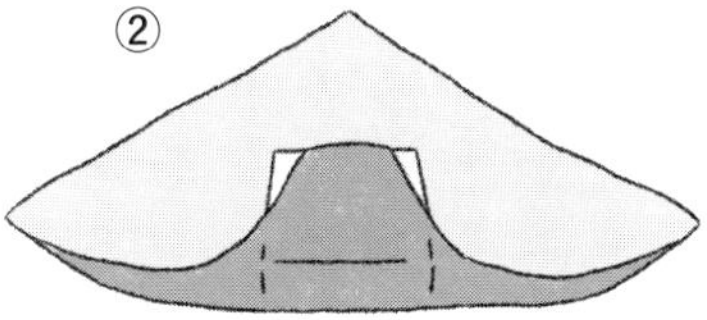

手前の端をかぶせて、品物の幅で折り込む。

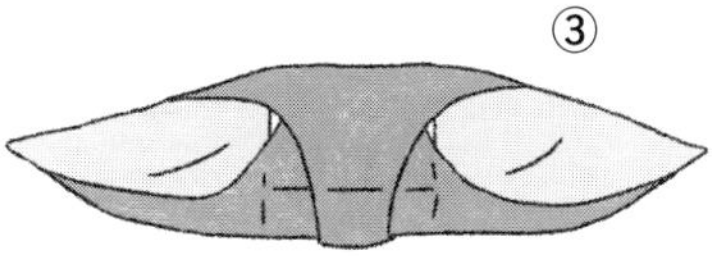

奥の端をかぶせ、余分が出たら内側に折り込む。

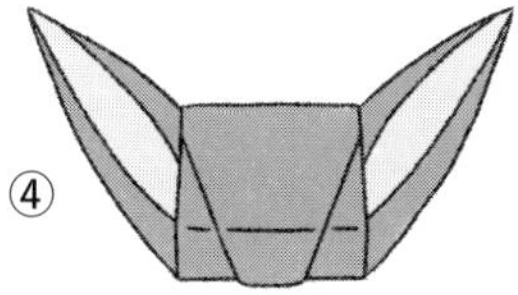

左右の端を持って、真上に引き寄せる。

真結び

左右を交差させて、イラスト通り結ぶ。

MEMO

◆名前の由来

「風呂敷」という名前は、お風呂に入るときに衣服を脱ぐところに布を敷いたことからきたとも、蒸し風呂の床に敷いた布からきたともいわれています。

◆格の高い「平包み」

あらたまった日の贈り物は、結び目を作らない「平包《ひらづつ》み」に。もっとも格の高い包み方です。

31

もてなす作法　茶菓の出し方

和室にご案内したお客様に、お茶やお菓子をお出しするときの作法も覚えておきましょう。

お茶とお菓子はお盆にのせて運びます。おしぼりやふきんも用意しておくとベターです。部屋に入ったら、座卓の下座側の畳の上にお盆を置きます。

お茶は、お客様の下座側から出すのが基本ですが、部屋のつくりによって、またお客様の数によって、どこが下座か判断がむずかしいこともあります。その場合、**優先すべきはお客様を待たせないこと**。位置に関係なく、お客様の下座側からお出ししましょう。

お出しするときは、お客様の左側から出す場合は左手で茶碗を持ち、右手を添えて両手で出します。そして、まずは**お茶をお客様の右側に、次いでお菓子を左側に**。茶碗も菓子皿も、お客様に正面が向くようにしましょう。おしぼりがあるときは、お茶の前に、いちばん右側に置きます。

茶菓の並べ方

お客様の正面に並べる

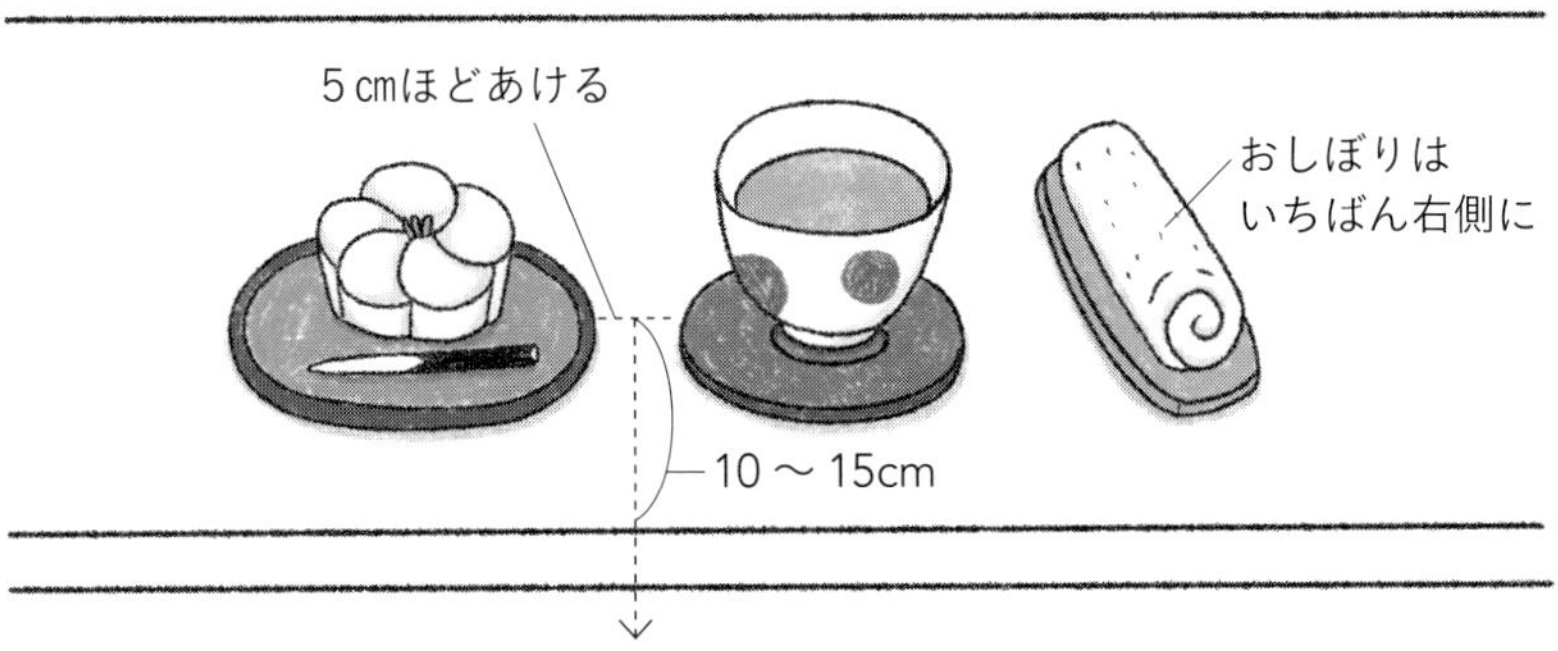

MEMO

◆お盆にのせて運ぶ

茶菓は必ず、お盆にのせて運びます。通常は乳通り（P34）の高さでお盆を持ち、円相（P35）で持つようにします。

◆出す前に声をかける

茶菓をお出しするときは、出す前に「失礼いたします」と声をかけることを忘れずに。前からお出しするときは「前から失礼いたします」、どうしても両手でお出しできないときは「片手で失礼いたします」と声をかけましょう。

32

手紙の基本

電子メールがすっかり普及して、最近は手紙を書くことがほとんどない、という人も多いのではないでしょうか。

書く機会が減ったとはいえ、ビジネスにおいてもプライベートにおいても、「ここぞ」という大事なときは、まだまだ手紙が有効です。

手紙を書く人が少ないからこそ、きちんとした手紙が書けると相手に好印象を与えることができます。とくに手書きの手紙にはぬくもりが感じられ、受け取った人はうれしく思うものです。

ふだん手紙を書き慣れていないと、どうしても構えてしまいがちですが、むずかしく考える必要はありません。道で人に会ったりよそのお宅を訪ねたりしたとき、「こんにちは」「いい季節になってきましたね」「お元気でしたか？」というような会話をしますね。そのイメージで書いていけばいいのです。

ただ、手紙には「形式」があり、それを知っておくと相手に失礼なことをせずにすみますし、かえって楽に、自由に書けるようになります。
基本的に、手紙は次のように構成されます。

①前文

「拝啓」など、「こんにちは」にあたる言葉（頭語《とうご》）、時候《じこう》のあいさつ、先方の安否を気遣う言葉。

②主文

「さて」「このたびは」などの起語に続いて、本題（用件）を述べる。

③末文

用件を締めくくるあいさつ。相手の健康や活躍を祈る言葉などで締め、「敬具《けいぐ》」などの結語《けつご》をつける。

④後付

日付、自分の名前、宛名。宛名は大きめに書き、「様」などの敬称《けいしょう》をつける。

この形式にあてはめ、相手に伝えたいことを書いていけばいいのです。

手紙の書き方

①前文

拝啓　春の陽気が待ち遠しい今日この頃、
花咲様におかれましてはお元気でお過ごしのこととお慶び申し上げます。

②主文

さて、本日は季節の京野菜をたくさんいただき、いつもながらのお心遣い、ありがとうございます。さっそく、家族でいただきましたが、お味のしっかりした野菜ばかりで、子どもたちも大好きな味と、喜んでおります。

③末文

夏休みには、関西へ帰省したいと思っておりますので、その際にお目にかかれますことを楽しみにしております。
まずは、書中にて心よりお礼申し上げます。

敬具

④後付

令和五年二月二十日

研究夢子

花咲都子様

MEMO

◆手紙の基本的な構成

①【前文】「拝啓」などの頭語、時候のあいさつ、先方の安否を気遣う言葉を。

②【主文】用件を伝える文。

③【末文】結びのあいさつ。「敬具」「かしこ」などの結語を文末から1字分上げて書きます。

④【後付】改行して日付、改行して署名。フルネームで、文末から1字分上げて。改行して、先方の名前を大きめに書きます。名前の後に、「様」など敬称も忘れないようにしましょう。

封筒の書き方

◆ 和封筒

表（宛名）

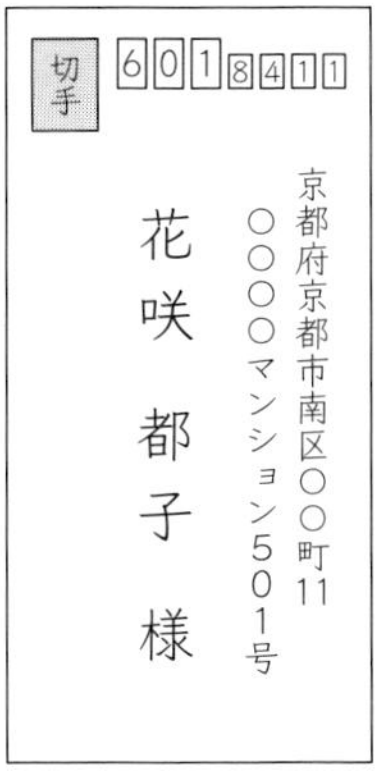

裏（差出人名）

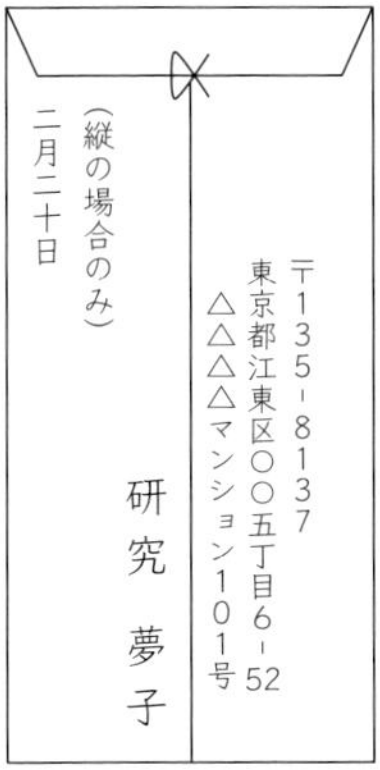

①住所は郵便番号の枠の1㎝くらい下から書き始める。
②宛名は封筒のほぼ中央に、1文字目は住所より1字程度下げたところから、住所よりも大きく書く。
③差出人の住所は封筒の中央の線を境にして、右に住所、左に氏名を書く。
④封筒の封じ目には「〆」「封」などの封字を記します。慶事の場合は「寿」「賀」などと書くことも。

◆ 洋封筒

住所、宛名を横書きにする場合も、切手は封筒を縦にしたとき左上にくるように貼る。

表（宛名）

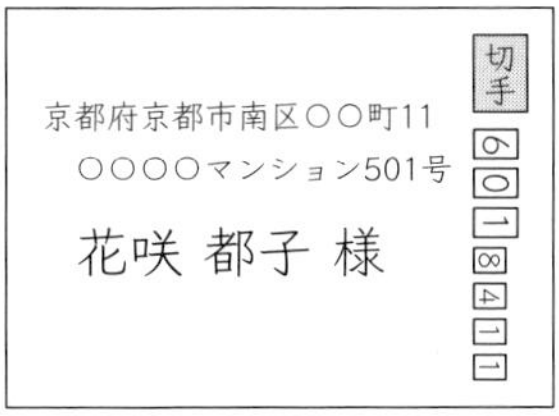

裏（差出人名）

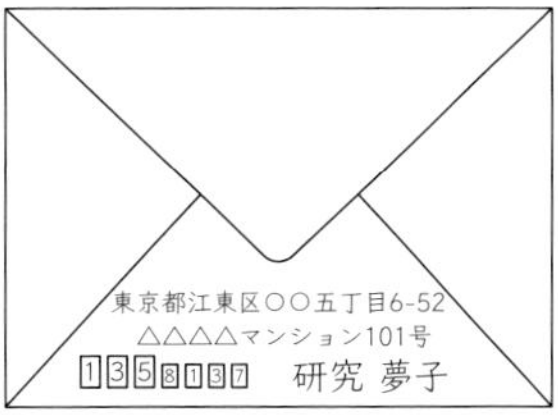

MEMO

◆便箋の折り方
便箋《びんせん》の折り方は、和封筒の場合は天と地を畳んで三つ折りに、洋封筒の場合は横書きの便箋を4分の1の大きさになるように畳みます。

◆正式な和封筒
封筒は、裏紙がついて二重になっているものが正式。ただし、弔事やお見舞いの手紙を送る場合は必ず一重のものを。

◆洋封筒の場合
洋封筒は、招待状や案内状を送るときによく使われます。なお、封字は不要です。

33

季節のあいさつ状

お正月やお盆に、お宅にごあいさつに伺うところを、書状に簡略化したのがはがきは、それをさらに簡略化したものですが、ここで**大切なのは「季節ごとのあいさつを欠かさない」こと**です。

「季節のあいさつ状」です。

文面で気をつけたいのは、言葉や書き方で相手を敬う気持ちを表すこと。とくに、暑中・寒中見舞いの「見舞う」は、自分と同等か下の立場の人に対して使う言葉です。目上の人や立場が上の人に対しては、暑中寒中ともに「御伺い」とします。

なお、略式のはがきの場合でも、縦書きが基本。少しあらたまった印象になります。覚えておきたいのが、相手の名前や相手に関することは、はがき3分の2よりも前に、自分に関することは3分の2より後に書くこと。文字の並びで相手に対する尊敬の念を示す、縦書きならではの表現です。

あいさつ状の書き方例

寒中御見舞い申し上げます

松の内の賑わいも過ぎ、
寒さも一段と厳しくなってまいりましたが、
皆様いかがお過ごしでしょうか。
おかげさまで私たちは、元気にしております。
厳しい寒さが続きますが、くれぐれもご自愛ください。
まずは寒中の御見舞いまで。

令和五年一月十日

目上の人に出す場合は、「御見舞い」ではなく、「御伺い」とする。

◆季節のあいさつ状を出す期間

年賀状	1月1日（元日《がんじつ》）～1月7日（松の内）まで
寒中見舞い	1月8日～2月4日頃（立春）まで
余寒見舞い	2月4日頃（立春）～寒さが続く頃（2月下旬）まで
暑中見舞い	7月7日頃（小暑）～8月7日頃（立秋の前日）まで
残暑見舞い	8月7日頃（立秋）～9月末頃まで
年賀欠礼状	11月～12月初旬まで

34

避けたい言葉

日本では昔から、言葉には「言霊《ことだま》」が宿り、口にした言葉の内容通りの状態を実現する力があると信じられてきました。神社でお祓《はら》いを受ける際に神主《かんぬし》が読み上げる「祝詞《のりと》」も、言霊の力に基づくものだといわれます。

発する言葉通りの状態になると考えることから、とくに**縁起の悪い言葉を「忌《い》み言葉」と呼んでなるべく使わないように心がけてきました。**

たとえば、「塩（しお）」は「し＝死」を嫌って「波の花」、するめの「する」はお金を失うことを意味する「する」と同じなので、「あたる」という縁起のいい言葉に替えて「あたりめ」というように。

結婚式では、「割れる」「切る」「重ねる」「閉じる」といった言葉を避けます。これらは結婚生活の終わり（離婚）を連想させるからです。そのほかのお祝いごとや、おくやみの席でも避けたい言葉があります。相手を敬い、思いやる気持ちを示すためにも、忌み言葉を覚え、使わないよう心がけましょう。

冠婚葬祭で気をつけたい忌み言葉の例

◆ 別れを連想させる

飽きる、薄い、帰る、返す、切れる、終わる、去る、離れる、冷える、戻る、破れる、分かれる、割れるなど

◆ 不幸を連想させる

浅い、落ちる、欠ける、傾く、枯れる、嫌う、崩れる、朽ちる、苦しい、倒れる、つらい、閉じる、流れるなど

◆ 不幸が重なることを連想させる

追って、重ねて、かえすがえす、くれぐれ、再三、しばしば、次々、ますます、またなどの「重ね言葉」や「繰り返し」を連想させる言葉

● 礼状やあいさつ状で避けたい言葉と替え言葉

終わる→開く、披《ひら》く／切る→はやす／打つ→なでる／泣く→潮《しお》たれる／病→休み／死→直る、身罷《みまか》る／墓→土くれ／寺院→瓦ぶき／仏堂→香《こり》たき

● 不吉とされる言葉と替え言葉

四（死に通じる）→与、よん／塩（死の音が含まれる）→波の花／醤《しょう》油《ゆ》（死の音が含まれる）→むらさき／するめ（する＝「減らす」に通じる）→あたりめ／すり鉢（「すり減らす」に通じる）→当たり鉢／ひげを剃《そ》る（「すり減らす」に通じる）→ひげをあたる／梨（「無し」を連想させる）→有りの実

Column 2

知ってておきたいお迎えのマナー

「洒掃応対《さいそうおうたい》礼《れい》に始まり」という言葉があります。**お客様を迎えるときは、まず最初に掃除をしましょう。**とくに家の顔でもある玄関は、ていねいに。家族の靴が何足も出ていたり、たたきにほこりやゴミが溜《た》まっていたりしては、お客様を歓迎する気持ちがまったく伝わりません。また、トイレも清潔にしておきましょう。お客様が早めに到着してもあわてないよう、約束の時間の1時間ほど前にはこれらの準備を整えておくのが理想的です。

お客様が到着したら、コートを預かって部屋へご案内。このとき、お客様に完全に背を向けないよう、体を斜めにして誘導します。部屋ではお客様に上座をすすめるのが基本。

お土産をいただいたら、和室の場合は座って受け取り、上座の脇へ置きます。洋室の場合は立ったまま両手で受け取って。その後、お茶やお菓子を出します。お茶やお菓子はこちらで用意したものを出すのがマナーですが、もしそれと同じようなものをいただいたら手土産を優先します。「おもたせで失礼ですが」とひと言添えてお出しします（P90、91参照）。

お客様がお帰りを口にしたら「お茶をもう1杯いかがですか」などと言って、1、2回は引き止めるのがマナーです。ただし、しつこく引き止めるのはNGです。

第4章

知っておきたい

慶事と弔事の作法

大切な人への思いやりと敬意、感謝を忘れずに

私たちは、人と人との「おつきあい」の中で生きています。なかでも冠婚葬《かんこんそう》祭《さい》は、人生の節目におけるおつきあい。人間が生まれて死ぬまでに、そして死んだ後には家族や親族の間で行われる行事全般のことで、「冠」は成人式、「婚」は結婚式、「葬」は葬儀、「祭」は先祖の霊を祭ること全般を指します。

おつきあいは、大きく「慶事《けいじ》」と「弔事《ちょうじ》」に分かれます。慶事は、結婚をはじめとする慶《よろこ》びごとやお祝いごと、弔事は葬儀や法事などのおくやみごとです。

いずれも細かな決まりごとがありますが、それは**相手を不快にさせない思いやりや、物事がスムーズに運ぶための人々の知恵から生まれたもの**です。

結婚には、古くから続くたくさんのしきたりがあります。現代では、何から何までこだわらなくても大丈夫。たとえば、「結婚式は大安でなければいけない」といった日取りや形式にこだわる必要はありません。

ただ、円満な家庭を築くため、大切な人の門出《かどで》を祝うためにも、一通りのしきたりは知っておいたほうがいいでしょう。

結婚と並んで大切なのは、葬儀です。弔事のしきたりは、宗教や地方の風習によって異なりますが、共通するのは故人への敬意や感謝の気持ちと、ご遺族に寄り添う気持ちです。

昭和20年代の終わりまでは、自宅で亡くなる人が8割を超えていたといいます。現代では、病院などで亡くなる人が増え、自宅に戻らず斎場で葬儀すべてが執《と》り行われることも少なくありません。また、家族葬や一日葬など、お別れの形も多様化しています。だからこそ、心を込めて故人を送り出すために、葬儀本来の意味を見直してみましょう。

一般的に、おくやみの儀式は「通夜《つや》」「葬儀式」「告別式」の3つです。通夜は、親しい人が故人と過ごす最後の夜。葬儀式は故人が主役で故人が生きている人にお別れをする儀式、そして告別式は知人や友人が故人に最後の別れを告げる場所です。故人ととくに親しい間柄の場合は、これらすべての儀式に参列するのが基本です。

35

水引とのし

お祝いごとやおくやみの際、お金を渡すことが多いと思いますが、その際はお金をむき出しに渡すのはとても失礼なこと。お金は、お金包みで贈るのがマナーです。

お金の包み方には、贈る目的によって明確な決まりごとがあります。お祝いごとに用いるのは「祝儀袋」、おくやみのときに用いるのは「不祝儀袋」です。祝儀袋の特徴は、右上に「のし」と呼ばれる飾りと、袋の中央に「水引」と呼ばれる結び飾りがついていること。

昔は、贈り物には酒や肴《さかな》が添えられたものですが、それがだんだん簡略化され、神様に供える「神饌《しんせん》」（食事）に使われる、あわびを薄く伸ばして乾燥させた「のしあわび」をつけるようになりました。のしあわびは乾燥しているため日持ちがよく、進物やお祝いごとに重宝されたといいます。

現在では紙で折ったのしを使うことがほとんどです。あらたまった贈り物にはのしを添えますが、生物《なまもの》であるあわびに由来するため、生物を贈る際にはつけません。おもしろいですね。さらに、弔事の場合ものしはつけません。覚えておきましょう。

水引は、神様に進物を供えるときに使う「注連縄《しめなわ》」に由来するといわれています。色や結び方は江戸時代にできたとされ、目的によって明確なルールがあります。しっかりと覚えておきましょう。

慶事の水引は、赤白や金銀のほか、地域によっては赤金の組み合わせもあります。赤白の水引のことを「紅白の水引」と呼ぶことが多いのですが、紅白の水引というのは、本当は皇室の慶事に用いられるもの。ですから、私たち一般の人間が慶事に用いるのは「赤白」と呼ぶのが正解です。

弔事の水引は、主に黒白。ほかに双銀（銀銀）、黄白、白白などを用いることもあります。包むお金の額が1万円未満なら、黒白の水引が印刷されたもの、1万円以上なら「黒白」や「双銀」の実際の水引が結ばれたものを選ぶようにしましょう。

祝儀袋（例：結婚）

◆上包み（表）

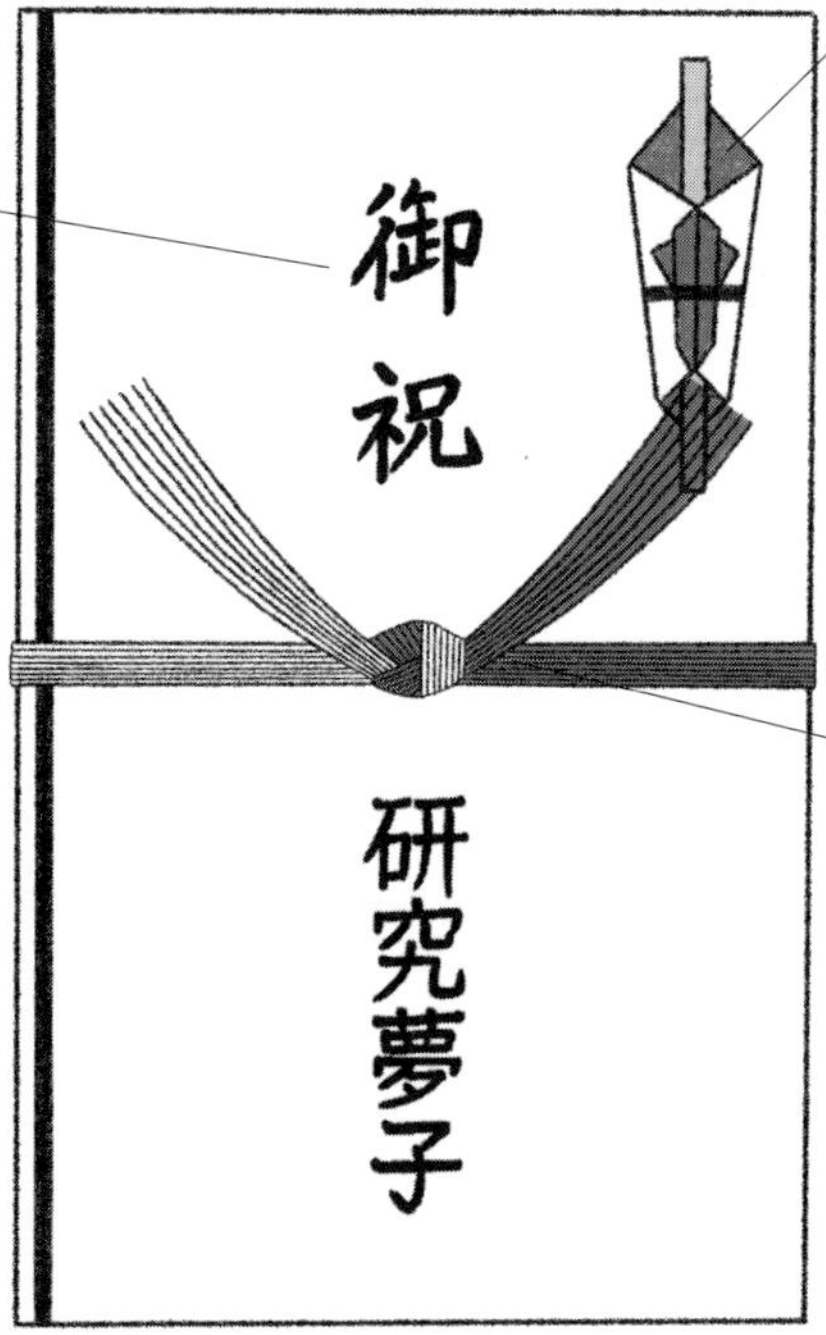

◆上包み（裏）

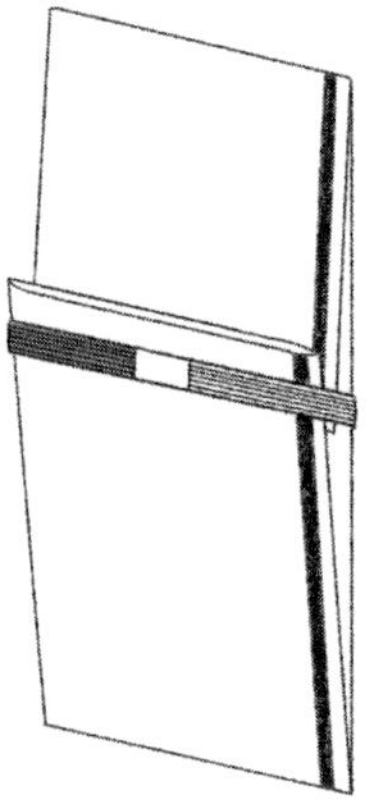

上側を先に折って、
下側を重ねる

MEMO

◆**お金は中包みに包む**

祝儀、不祝儀とも、現金は中包みに包んでから祝儀袋に入れます。中包みがない場合は、半紙や奉書紙に包んでから入れてもよいでしょう。

◆**結婚祝の金額の目安**

金額は贈り主の年齢や相手との関係性によって変わります（目安は2～5万円）。祝儀袋は金額に見合ったものを。相手が目上の人だったり格式の高い披露宴の場合は、カラフルでモダンなデザインのものは失礼にあたるので要注意。

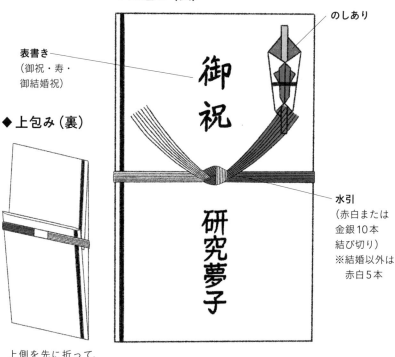

不祝儀袋

◆上包み（表）

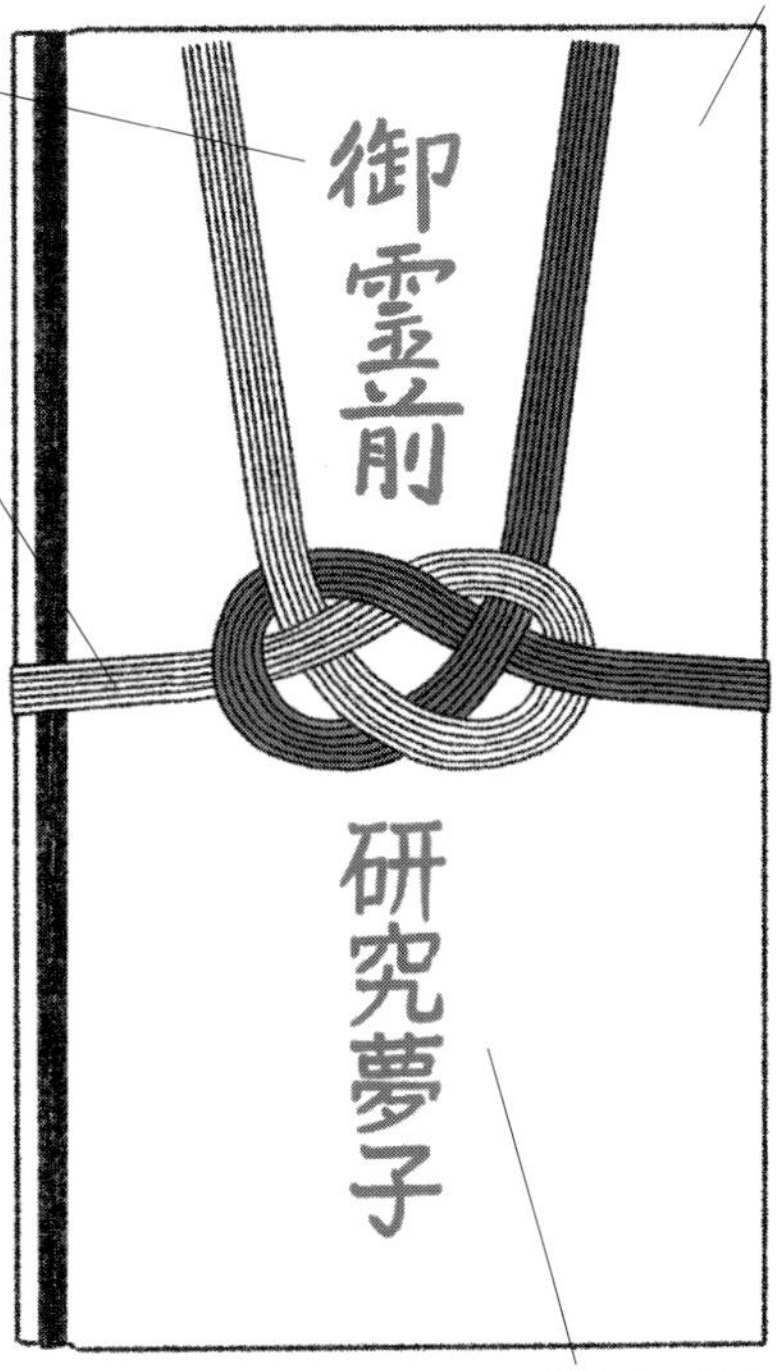

◆上包み（裏）

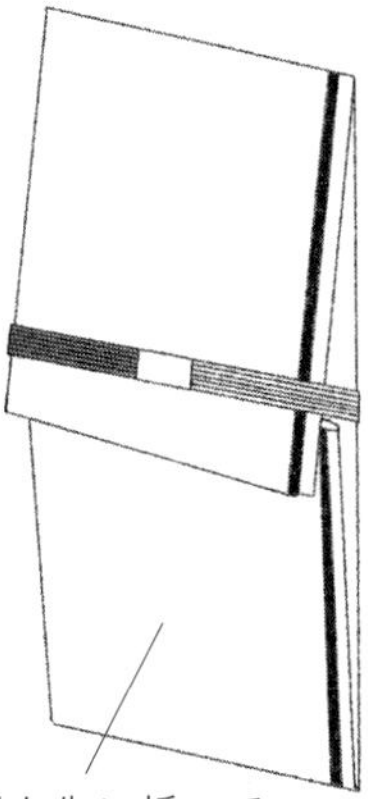

MEMO

◆不祝儀の表書き

不祝儀の表書きとして一般的なのは通夜・告別式とも「御《ご》霊前《れいぜん》」。浄土真宗系の場合は「御仏前《ごぶつぜん》」です。仏式の葬儀には「御香料《ごこうりょう》」「御香典《ごこうでん》」「御香華料《ごこうかりょう》」「御供料《ごくうりょう》」など。神式の葬儀では「玉串《たまぐし》料《りょう》」「御榊料《おんさかきりょう》」「御神前《ごしんぜん》」など。キリスト教式の葬儀の場合は「御花料《おはなりょう》」です。

水引の結び目と色

◆ 蝶結び

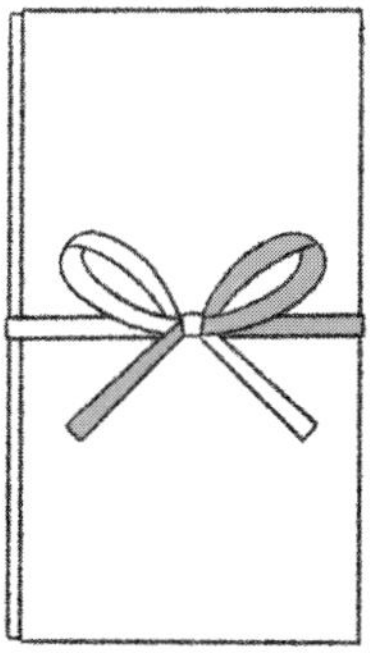

何度でもほどいて結び直すことができる結び方。何度あってもいいお祝いごと、御礼、お返し、お中元・お歳暮《せいぼ》など一般的な贈答に使われる。

◆ 結び切り　真結び（結び留め）、あわび結び

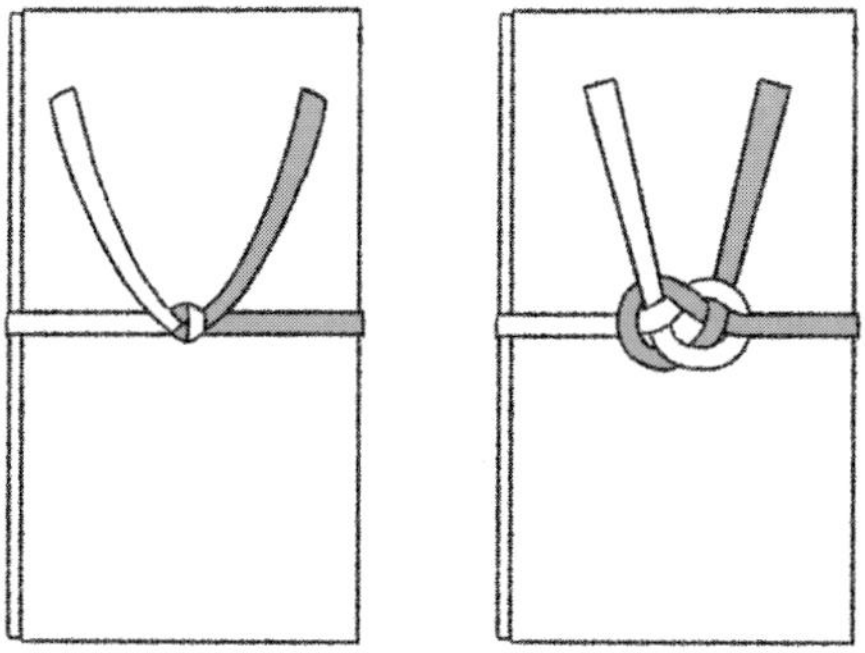

結び切りは、固く結ばれ、ほどけないことを願う結び方。真結び、あわび結び、輪結びなどの種類があり、婚礼やお見舞い、弔事などに使われる。真結びは、「再度繰り返してほしくない」という気持ちを込めている。金銀や赤白は結婚祝いやお見舞い、黒白は弔事に使われる。

MEMO

◆表書きは楷書で

祝儀には濃い墨、不祝儀には薄墨で、楷書《かいしょ》でていねいに書くのが基本。水引の結び目の上に目的を、下に送り主の姓名を、やや小さく書きます。

◆金額は「大字」で書く

現金を入れる中包みの表面に金額を書きます。その際、改ざんされるのを防ぐため、「大字《だいじ》」という昔の漢数字を使います。四や九は死や苦を連想させるので使いません。

万	千	十	八	七	五	三	二	一
萬	阡	拾	八	七	伍	参	弐	壱

お金を入れる向き

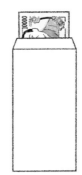

慶事・弔事

お札を出したとき、出した人にお札の正面が向くように入れる。

◆外袋の折り方

慶事

「慶びを受け止める」という意味で、外袋の上側を先に折り、下側を重ねる「下包み」にする。

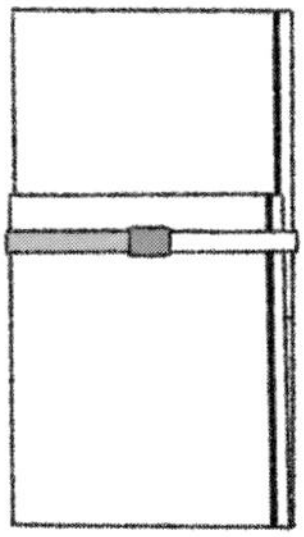

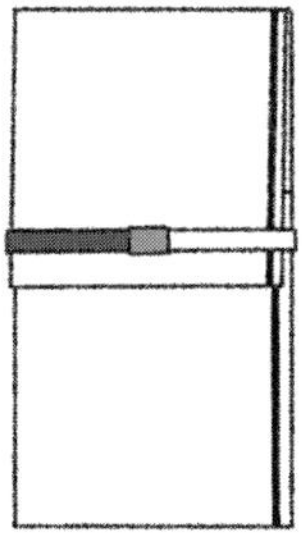

弔事

「悲しみごとを流す」という意味で、外袋の下側を先に折り、上側を重ねる「上包み」にする。

MEMO

◆新札？　古札？

慶事では、お金は新札が基本です。手元に新札がなければ、銀行などで替えてもらいます。弔事では、新札は「不幸を待っていた」ととらえられるとされ、古札を入れるものとされていましたが、弔事でも新札でOK。清潔なものをあげるという意味で、お札を触ったら手を洗うように言われるのは、古いお札は清潔ではないということなのです。気になる場合は折り目をつけてから使いましょう。

36

袱紗の使い方

お金を袋に入れるように、祝儀袋や不祝儀袋もむき出しではなく「袱紗《ふくさ》」と呼ばれる小さめの布に包んで持参しましょう。お祝いごとには赤やピンクなど赤系統のもの、おくやみには紺色や黒、グレーなどを使います。なお、**格調の高い色とされている紫は、慶弔両方に使える**ので重宝します。

袱紗の包み方、そして袱紗からの袋の取り出し方については、慶事と弔事とでは逆です。

P111のイラストにあるように、慶事の場合は上折り部分に下折り部分を重ねます。これは「幸せがこぼれないように」という意味。かつ、右手を使って開くように包みます。

一方、弔事のときの袱紗の包み方は、下折り部分に上折り部分を重ね、左手で開くように包みます。左手で開くというのは、「非日常」を示す行為。日本のしきたりでは、弔事には非日常がつきものなのです。

慶事の場合

①袱紗に爪がある場合は爪を右側にして、袋を置く。
②左側を折る。
③上側を折る。
④下側を折る。
⑤右側をかぶせ、端を裏側に折り込む。

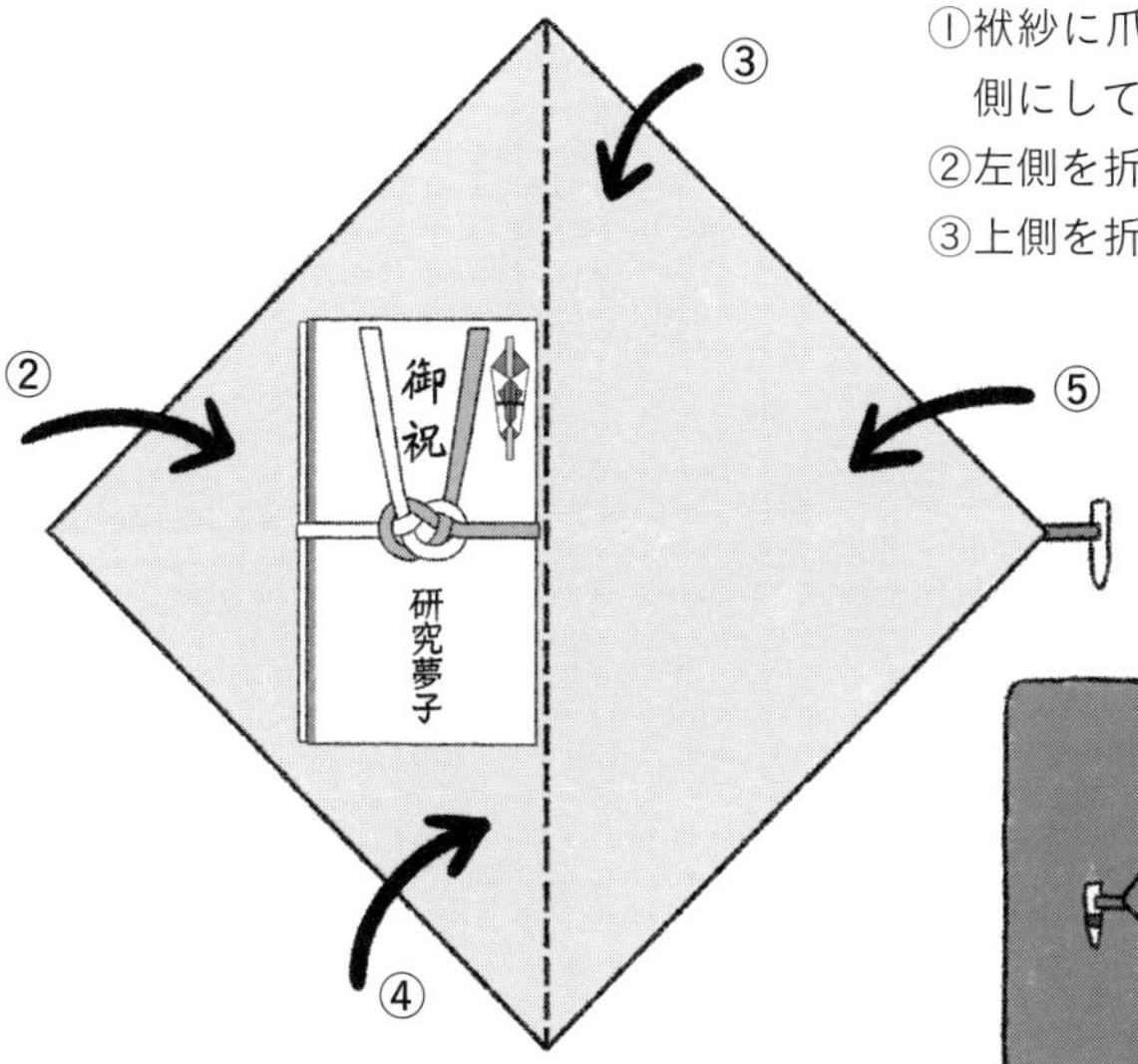

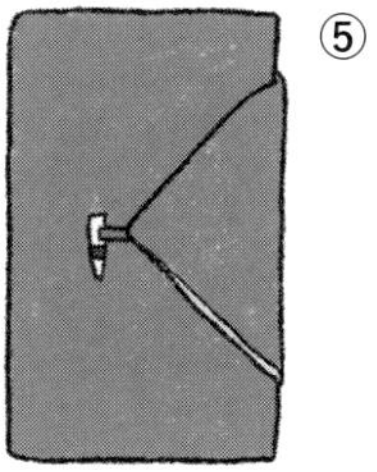

弔事の場合

①袱紗に爪のある場合は爪を左側にして、袋を置く。
②右側を折る。
③下側を折る。
④上側を折る。
⑤左側をかぶせて、端を裏側に折り込む。

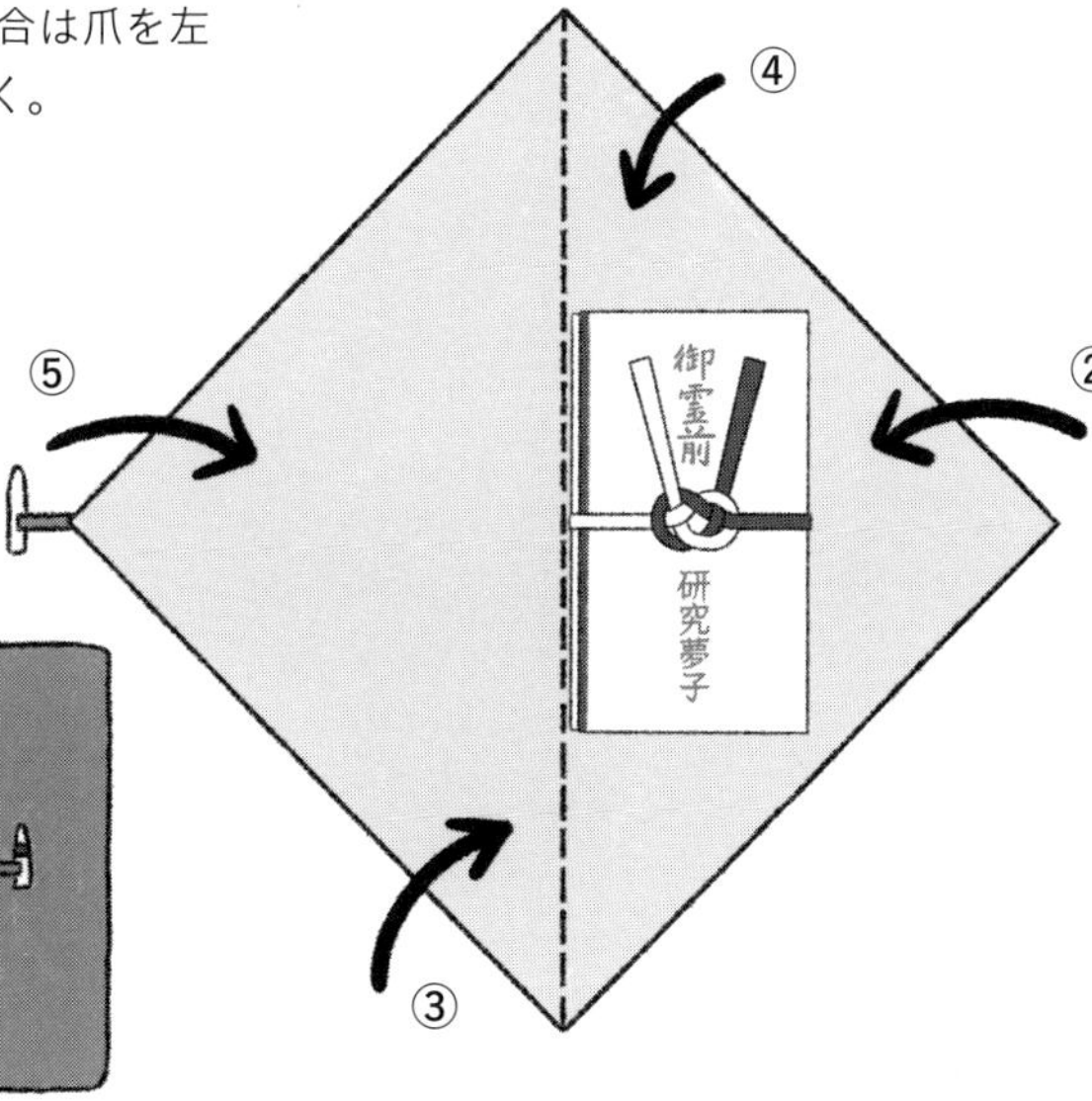

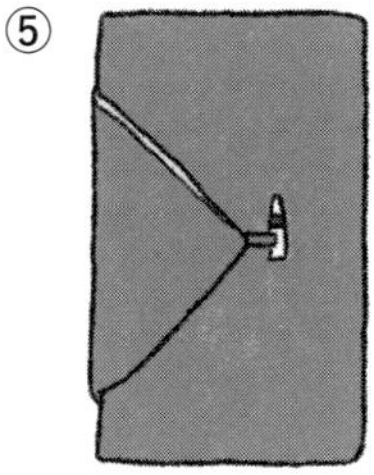

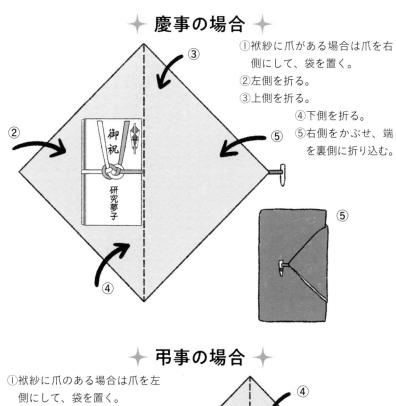

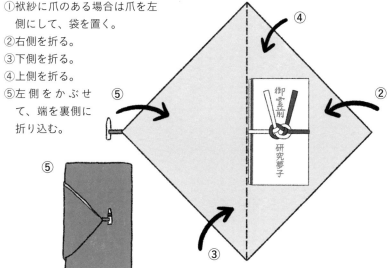

37

大切な人を送る　おくやみ

亡くなった人を送るおくやみの場では、いつも以上に作法やマナーに気をつけたいもの。悲しみにくれる遺族の気持ちを考えれば、それは当然のことでしょう。

弔事のしきたりは、仏教、神道、キリスト教などの宗教によって、さらには地方の風習によってもさまざまです。ただし、**もっとも重要なのは、亡くなった人への敬意と遺族に寄り添う姿勢**です。弔事の決まりごとやしきたりは、その気持ちを伝えるためにあるもので、単なるルールではないのです。

「悲しみごとは怒りに変わる」といわれるように、人は、悲しみにくれているときには些細《ささい》なこと、ちょっとしたひと言にも傷つき、ときには憤りを覚えることもあります。それを考えると、慶事のマナーよりもいっそう、弔事のマナーが大切だといえるでしょう。**おくやみの場で礼を欠かないためには、タブーを知ることと、静かに振る舞うことが肝心**です。

たとえば、服装。おくやみの場では原則として、男性も女性も黒い喪服を着用します。ただし、通夜の席は、突然の訃報に接して取るものもとりあえず駆けつけたという意味で、地味な平服で訪れるのがマナー。ただ最近は、本来は親しい間柄の人たちのものであった通夜にも一般の人たちが参列するケースが多くなったこともあり、通夜で最後の別れをするという意味で、略式喪服で訪れる人も少なくありません。

葬儀や告別式では、一般の弔問客は男女とも、喪主や遺族よりも服装の格を下げ、略式喪服で参列するのがマナーです。金ぴかの腕時計や派手なアクセサリーはNG。葬儀の際に身につけてよいのは、結婚指輪のほかは白か黒の真珠、黒のオニキス、黒珊瑚《さんご》、黒曜石、ジェット（黒玉《こくぎょく》）などです。なお、これらであっても二重三重になっているネックレスは「不幸が重なる」として嫌われるので避けましょう。

葬儀の場はえてして、故人をめぐる懐かしい顔がそろうもの。久々の再会に、つい声が大きくなりがちですが、おくやみの場ではあくまでも遺族の気持ちに寄り添うことを第一に考え、行動するようにしてください。

参列の作法

◆ 焼香（仏式）

仏式の葬儀で香をたくのは、仏前の邪気を祓うためだといわれています。通常、通夜や法要では線香、葬儀式や告別式では抹香《まっこう》（粉末状の香）をたきます。焼香の回数は宗派によってさまざま。1度の香に心を込める意味で1回の場合もありますし、「仏・法・僧」に捧げるという意味で3回とする場合もあります。

①数珠《じゅず》を左手に持って焼香台の前に進み、僧侶、遺族に一礼する。

②祭壇に一礼し、進み出て合掌する。

③右手の親指、人差し指、中指で抹香をつまむ。

④抹香を額に近づけおしいただく。

⑤香炉の炭にくべます。

⑥祭壇に向かって合掌し、1歩下がって一礼。僧侶と遺族に一礼して席に戻る。

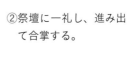

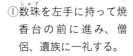

参列の作法

◆ 玉串奉奠（神式）

身を清める「手水《ちょうず》の儀」、しのび手（両手を打つ直前で止める、音を出さない拍手）による「二礼二拍手一礼」をし、霊が宿るとされる玉串を捧げる「玉串奉奠《たまぐしほうてん》」が行われます。

①一礼して神官から榊《さかき》の枝に四手《しで》のついた玉串を受け取る。

②右手で玉串の根元を上から持ち、左手は下から添えて横向きに持つ。
遺族や神官に一礼して進み出る。

③祭壇の3歩手前で一礼し、葉の先が祭壇に向くように玉串の向きを変える。

④玉串を時計回りにして、根元が祭壇に、葉先が自分のほうへ向くようにする。

⑤玉串をのせるための「玉串案」に玉串を供える。

⑥正面を向いて3歩下がり、しのび手の二礼二拍手一礼する。

⑦遺族、神官に一礼して席に戻る。

献花（キリスト教式、無宗教式など）

キリスト教式の葬儀ではカトリック、プロテスタントどちらの宗派でも、献花《けんか》が行われます。無宗教式の葬儀でも献花が行われることが増えているようです。

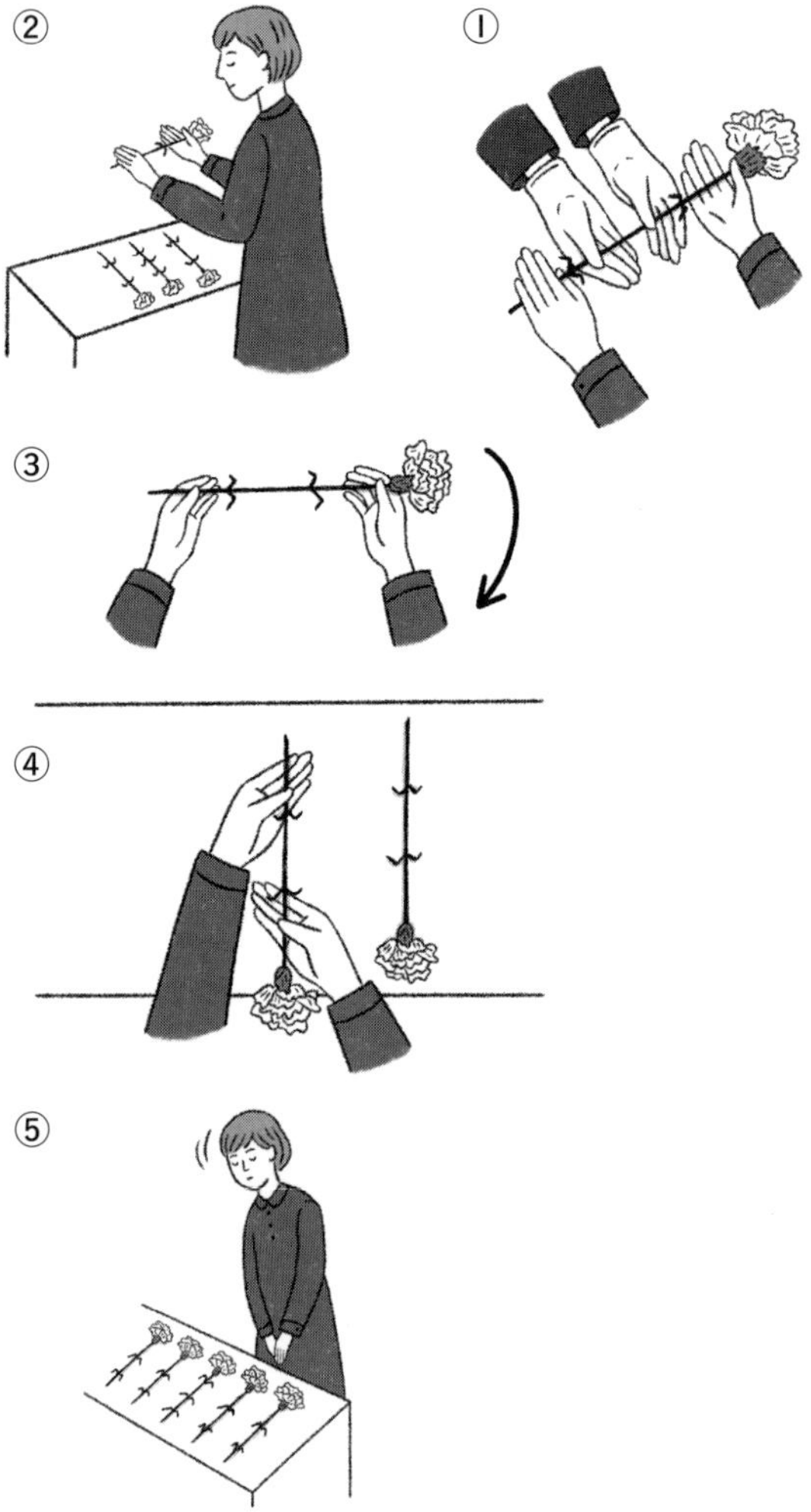

①花が右、茎が左に向くように受け取り、祭壇に一礼する（右上位の考え方から）。

②花を胸元に捧げ持ち、献花台の前まで進み出る。

③一礼して、右回しで花を自分のほうに向ける。

④根元を祭壇に向けて献じ、黙祷（カトリック信者であれば十字を切って黙祷）。

⑤少し後ろに下がり、一礼して席に戻る。

法要（仏式）

◆ 忌日法要

初七日	死後7日目に行われる法要。葬儀が終わってから初めての法要。	参列者は、近親者や親しい友人・知人。現在は、葬儀当日にすませることが多い。
二七日 **三七日** **四七日**	死後14日目、21日目、28日目に行う法要。現在は省略することが多い。	僧侶を招かず、身内だけで営まれるケースが多い。
五七日	死後35日目に行う法要。宗派によっては、この日が忌明けになる場合も。	この日を忌明けとする場合は、近親者が集まり、僧侶に読経してもらい、手厚く供養《くよう》する。
七七日忌	死後49日目に行われる法要。この日が忌明けとなる。このタイミングで納骨されることが多い。	親族などが集まり、僧侶を招いて盛大に法要を営む。本来は、遺族はこの日まで肉食をせず、精進料理を食べるのが習わし。七七日の法要後、それまでの白木の位牌は菩提寺に納め、家の仏壇には漆塗りなどの本位牌を安置。
百か日	死後100日目に、無事に仏となった故人を供養。現在は、省略されたり七七日の法要と同時に行われることも。	

◆ 年忌法要

一周忌	亡くなった翌年の命日に行う。僧侶を招き、近親者、友人・知人が集まって供養する。
三回忌	一周忌の翌年の2年目の命日に営む法要。
七回忌、十三回忌、十七回忌、二十三回忌	それぞれに、亡くなった年から6年目、12年目、16年目、22年目の命日に行う。七回忌以降は身内のみで行うのが一般的。
三十三回忌	亡くなってから32年目の命日に行う法要。故人が先祖霊になる節目の年。弔《とむら》い上げともいわれ、この年を最後に永代《えいたい》供養することが一般的。

38

気をつけたい「逆さごと」

仏式の葬儀では、ふだんの行為を逆にして行う「逆さごと」という習わしがあります。死を非日常のものとしてとらえるための、日本独特の習慣です。また、死者の世界は、この世とはすべてが反対になっているから、という説もあるようです。

たとえば、通常、着物は右前（向かって右のおくみを上にする）に着付けますが、死装束《しにしょうぞく》はその逆で、向かって左のおくみを上にする左前にします。また、帯は通常、横に結ぶものですが、死装束の場合は縦結びにします。それは、納棺のときなどに解けないようにするためです。

死装束を着せたあと、故人が気に入っていた着物を上からかける風習もあります。その際には、着物の衿《えり》を足元に、裾《すそ》を首元にかける「逆さ着物」にします。そのほか、足袋《たび》を左右逆に履《は》かせることもあります。

第2章の「食事の作法」でも触れたように、箸にも正しい使い方がありますが、そこでNGとされる「箸渡し」（食べ物を箸から箸へと渡す）は、葬儀の場ではOK。火葬した後の骨《こつ》あげの際に、箸をそのように使います。

また、訪問先で食事をいただく際、ご飯はおかわりするのがベターというのは、死者への供え物として「一膳飯」（山盛りに盛ったご飯に箸を突き立てたもの）があるからです。

逆さごとには、ほかに、亡骸《なきがら》の枕元に屏風《びょうぶ》を逆さに立てる「逆さ屏風」や、布団を逆にかける「逆さ布団」などもあります。故人の体をお湯で洗い清める「湯灌《ゆかん》」の際にも、通常、ぬるま湯をつくるときには湯に水を足すものですが、湯灌に使うぬるま湯は水にお湯を足して作ります（＝逆さ水）。

北が頭になるように寝かせる「北枕」は、お釈迦様《しゃかさま》が入滅《にゅうめつ》されたとき、その方向で寝ていたのが元になっているといわれています。

以上のことは、おくやみの場では「そうするもの」であっても、日常生活においては「縁起が悪いこと」として嫌がられますので、くれぐれも気をつけましょう。

39

お見舞い

お見舞いにも、気をつけなければいけないことが、いろいろあります。その**作法を知らないと、病気になって気弱になっている人を励ましたい、傷ついている心を癒《い》やしてあげたいと思っていても、逆に迷惑になりかねません。**

まず、お見舞いのタイミングです。入院直後や手術の前後など、相手が大変な時期は避けること。また、弱っている自分の姿を見られたくないという人もいるでしょう。その場合は、お見舞いに行かないことが思いやりです。

それらを踏まえた上で、行く場合には必ず病院で決められた面会時間を調べ、食事時を外して行くようにしましょう。

なお、大勢では行かないこと。学生時代の仲間だったりすると、みんなで励ましに行きたいところですが、たとえ個室であっても大勢で押しかけるのはNG。病院は、さまざまな人がつらい治療を受け、大変な思いをしている場所なのだということを認識して、多くても3人くらいまでで訪ねるようにしてください。滞在時間も、病人を疲れさせないため、そしてほかの患者さんに迷惑をかけないためにも15〜30分程度と心得ましょう。

お見舞いの品として、お花を贈る際にも注意が必要です。

まず、鉢植えの花はＮＧ。鉢植えの植物には根があり、それが「根づく」ことから、病気やケガが長引くことを連想させるからです。切り花の花束も要注意。花を飾るためには花瓶が必要ですし、毎日、水を替える手間もかかります。ただでさえ大変な思いをしている家族に、面倒な仕事を増やすことになってしまいます。

いちばんいいのは、かごに入ったアレンジメントですが、最近はアレンジメントも含め、生花の持ち込みを禁じている病院も少なくありません。あらかじめ病院に問い合わせ、確認したほうが賢明です。

お見舞い金を贈る場合は、のしなしの祝儀袋に「御見舞」と表書きします。立場や年齢が上の人に対しては、見舞うほうが優位になるので謙譲表現の「御伺」と書くとよいでしょう。水引は、赤白の「結び切り」（Ｐ１０８）に。お見舞い用として、赤い帯が１本入っただけのものもあります。

40

ポチ袋

ちょっとしたお礼をしたい、でも祝儀袋では大げさすぎる……というときに活躍するのがポチ袋です。「ポチ」は、「少しだけ」という意味の「ぽちぽち（ぽちぽち）」、「これっぽっち」の「ぽっち」に由来するともいわれています。

ポチ袋は、かわいい絵柄のもの、縁起のいい絵柄のものなどバラエティ豊か。基本的にどれを選んでもかまいませんが、白地に赤帯が1本入っただけのシンプルなものを持っておくと重宝します。また、弔事で使う場合のことも考えて、白無地のものを持っておくといいでしょう。

懐紙でポチ袋を作ってもOK。懐紙を縦長に使い、裏を出して中央に包むものを置きます。懐紙の左側、右側の順に両端を折り畳み、包むものに合わせて上下に折り返し分を取り、上側、下側の順に後ろへ折り返せば完成。弔事で使う場合は、重なりは向かって左が上、折り返しは下側、上側の順にします。

ポチ袋の使い方　お札の入れ方

お札の表

①左側を先に折る。

②右側を上に重ねて、三つ折りにする。

懐紙でちょっとおしゃれなポチ袋を作ろう

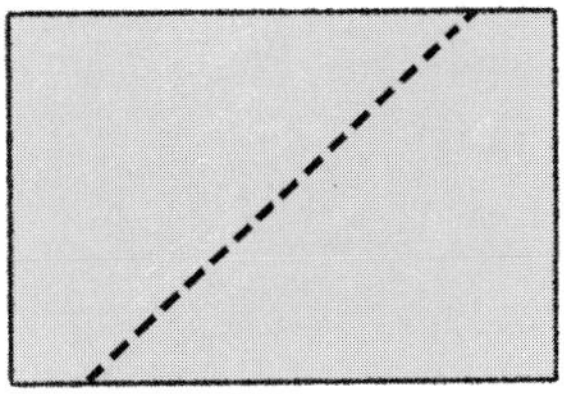

① 懐紙を裏返し、図のように斜めに折る。

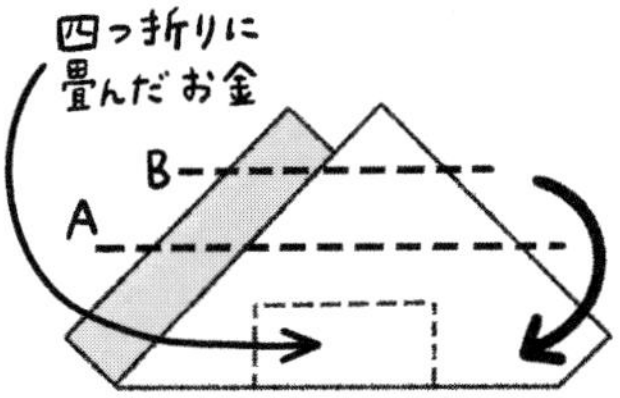

② 図のように上部を手前に折り(A)、さらに上に折り上げる(B)。

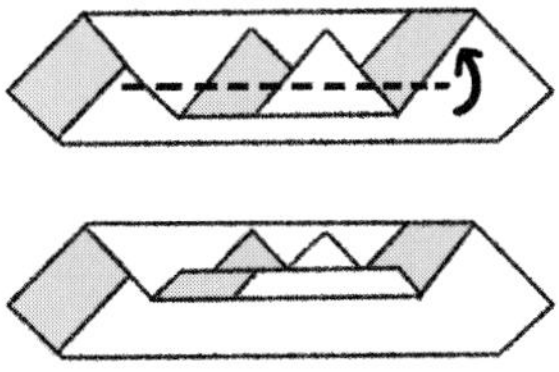

③ さらにもう一度、細めに折る。

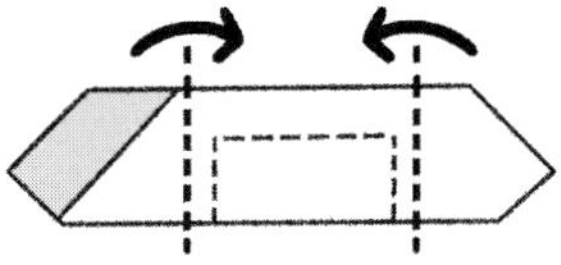

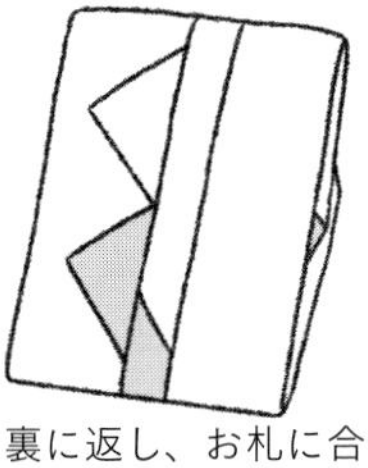

④ 裏に返し、お札に合わせて左右を折る。

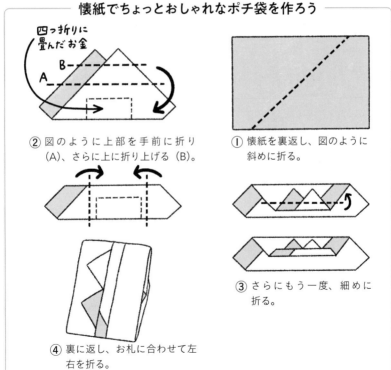

41

「ハレ」と「ケ」

日本には、「ハレ」と「ケ」という考え方があります。民俗学者・柳田國男《やなぎたくにお》によって見いだされた、日本の伝統的な世界観のひとつです。

「ハレ」とは、お正月やお節句などの年中行事、神社の祭礼や冠婚葬祭など「非日常」のこと。お正月や成人式に身につける「晴れ着」、人前で成果を披露する「晴れ舞台」といった言葉の「晴れ」は、この「晴れ」に由来します。

「ケ」はその反対で、日常、つまりふだんの生活を送る日のことをいいます。

そして、「ケ」の生活に何かトラブルが生じて、うまくいかなくなることを「気枯れ」＝ケガレとして恐れ、お祓いなどをしてきたのです。

晴れがましい「ハレ」の日だけでよいのでは？　と思われるかもしれませんが、「ケ」があってこそ「ハレ」を喜び、祝い、楽しむことができます。昔の人たちは、そうやってメリハリのある暮らしをすることで、日々を充実させていたのでしょう。

ところで、「ハレ」の日に欠かせないのが、行事食です。なかでも、お正月にいただくお雑煮《ぞうに》。その歴史は古く、室町時代に始まったといわれます。「雑煮」とは文字通り、いろいろなものを煮合わせるという意味です。というと、あり合わせのもので作る料理のようですが、食材や作り方をみると、いかにお雑煮が「ハレ」の日の食べ物として大切にされてきたかがわかります。

餅《もち》や野菜などは、もともと年神様《としがみさま》へのお供え物です。それらを、元日の朝に最初に井戸や川から汲《く》んだ「若水《わかみず》」と、新年最初の火で煮込みます。また、お雑煮を食べる際は、両方の先が細くなった「祝い箸」（P54）を使います。これは一方を人が、もう一方は神様が使う「神人共食《しんじんきょうしょく》」を表しています。

神様に供える食材は地方によって異なるため、お雑煮の具材や味付けもさまざま。ただ、お餅を入れるのは全国共通です。お餅は望月《もちづき》（満月）を模しているとされ、丸餅が正式。現在のように「東の角餅、西の丸餅」となったのは江戸時代に入ってからだといわれています。

食文化も多様化してきていますが、日本ならではの「ハレ」を体感できるいい機会として、お正月にはお雑煮を食べてみてはいかがでしょう。

Column 3
和服について

和服は日本の民族衣装ですが、現代では、着るのは夏の浴衣《ゆかた》だけ、という人も多いのではないでしょうか。でも、和服は夏にだけ着るものではありません。四季のある日本では、季節ごとに仕立て方や素材の異なる和服を着分けてきました。また、シーンによっても色や素材、着方が異なります。「いちいちめんどうくさい」と思うかもしれませんが、ルールを知れば納得、日本人ならではの感性や美意識を楽しむことができます。

まず、絶対に守らなければいけないルールは「右前＝右衣が下になるように」着ること。左前＝左衣が下にくる着方は死装束だけです。どんなにカジュアルなものでも和服の「前合わせは右前」。間違えないようにしましょう。

季節ごとの着分けについては、10～5月は裏地（胴裏《どううら》・八掛《はっかけ》）をつけて仕立てた「袷《あわせ》」、5月下旬～6月は裏地をつけずに仕立てた「単衣《ひとえ》」、7月～9月上旬は単衣の中でも透け感のある「薄物《うすもの》」、9月～10月下旬は再び「単衣」です。

和服の格式としては、格の高い順に「正礼装」（結婚式や披露宴などに）、「準礼装」（パーティや観劇ほかあらたまった席に）、「街着」（自由に着られるおしゃれ着）、「ふだん着」（浴衣など）。それぞれ色や柄、素材が決まっています。

第5章

日本のしきたり

季節を感じよう

日々の暮らしを彩り、人生を豊かにしてくれる

日本の伝統や文化をもっとも感じることができるのが、1年の行事にまつわる慣習やしきたりです。そこには、**万物に宿る神様や先祖への感謝と、親しい人への気遣いが込められています**。

その代表格が、年中行事です。ふだん、しきたりや作法などとは無縁でいても、節分の日に鬼の面をつけて豆をまいたり、今では恵方《えほう》巻きを食べたりなど、楽しいイベントのひとつとして取り入れている人も多いのではないでしょうか。

春のお花見、夏の七夕、秋のお月見（十五夜《じゅうごや》）も、もともとは日本に古くから伝わる年中行事で、それぞれ神様に感謝したり祈願をしたりといった、大切な意味を持っています。

誰にいわれるでもなく、その時期がきたら当然のこととしてこれらの行事を行っていますが、ひとつひとつの意味をあらためて知ると、行事に向かう心持

ちが違ってくると思います。

まずは、堅苦しく考えず、季節の行事を楽しんでみましょう。そこが、日本の伝統や文化を知る糸口になるはずです。

もうひとつ忘れてはいけないのが、人生の節目のお祝いです。七五三や成人式、結婚式が大切なのはもちろんのこと、日本には子どもの成長と健康を願う儀式がいろいろあります。また、長寿を願う儀式は日本ならではのものです。

現代は、医療の発達したことで子どもは順調に育つようになり、寿命もずいぶん長くなりました。それが当たり前のような気がしてあまり意識することもないかもしれませんが、**与えられた命を大切にし、日々感謝しながら過ごすためにも大きな意味を持っている、人生の節目の儀式**。その習わしとしきたりは、しっかり受け継ぎ、伝えていきたいものです。

なお、前述の通り、年中行事と人生の節目の行事には、神様（神社）と先祖（寺院）が深く関わっています。**神様や先祖に敬意を表し、失礼にあたることをしないよう、正しいおつきあいのしかた（参拝のしかた）を覚えておきましょう。**

42

年中行事

四季のある日本で、人々は移りゆく季節を大切にしながら暮らしてきました。そのこまやかな感性が多くの行事を生み出します。それが年中行事です。

年中行事を理解するために知っておきたいのは、旧暦《きゅうれき》。旧暦とは、月の満ちかけによる「太陰暦《たいいんれき》」と、地球が太陽の周りを1周する時間の長さを1年とする「太陽暦《たいようれき》」の2つを取り入れた、「太陰太陽暦」のことです。明治6（1873）年に新暦（グレゴリオ暦）に改められるまで、季節や行事の基準として長い間親しまれてきた、日本の暮らしの暦《こよみ》です。

季節には、太陽暦の1年を4等分した春夏秋冬のほか、24等分した「二十《にじゅう》四節気《しせっき》」と、72等分した「七十二候《しちじゅうにこう》」という、より詳しい指標があります。

旧暦にはさらに、桃の節句や端午《たんご》の節句などの「五節句《ごせっく》」や、節分《せつぶん》、彼岸《ひがん》などの「雑節《ざっせつ》」と呼ばれる季節の節目があります。これらは現代の暮らしに溶け込み、年中行事として今も人々の間で続けられています。

【1月　睦月《むつき》】

正月

「正月」は、1月の和名です。1日は「元日《がんじつ》」、「元旦《がんたん》」は年明け初日の朝のこと。1日から3日までを「三が日」、正月飾りをつけておく7日頃までを「松の内」といいます。初日の出とともに、1年の幸せや健康をもたらす「年神様《としがみさま》」が現れるとされ、元日の早朝に天皇が災いを祓《はら》い豊作を祈願する「四方拝《しほうはい》」という儀式が一般にも広がって「初日の出」を拝むようになったといわれています。

正月飾り

正月に年神様をお迎えする準備として、前年の12月末に門松《かどまつ》を飾ります。門松は、神様に向けた「ここが我が家です」という大切な目印です。

門松は、門の左右に一対、門に向かって右側に雄松《おまつ》、左側に雌松《めまつ》を立てるのが正式な飾り方。ただし、門柱などがない場合は、玄関のドアに略式の門松を飾ってもOKです。

そして、玄関か神棚《かみだな》には神様をお祀《まつ》りする神聖な場所の印である、注連縄《しめなわ》を飾ります。さらに、玄関の軒先や神棚の前に注連飾りを。注連飾りは、年神様をお迎えする準備が整ったことを示すものです。

おせち料理

おせち料理とは、もともとは年神様にお供えする料理のこと。元日や五節句など、節日には神様に食べ物（節句）を備える習慣があり、なかでも正月の料理は特別なものとして「御《お》節《せち》」と呼ぶようになりました。その、年神様にお供えした料理のお下がりを私たちがいただくというのが、おせち料理の本来の意味です。

料理は「めでたさが重なる」ように、五段重ねの重箱に、四隅に空間ができないよう、品数を奇数にして詰めます。

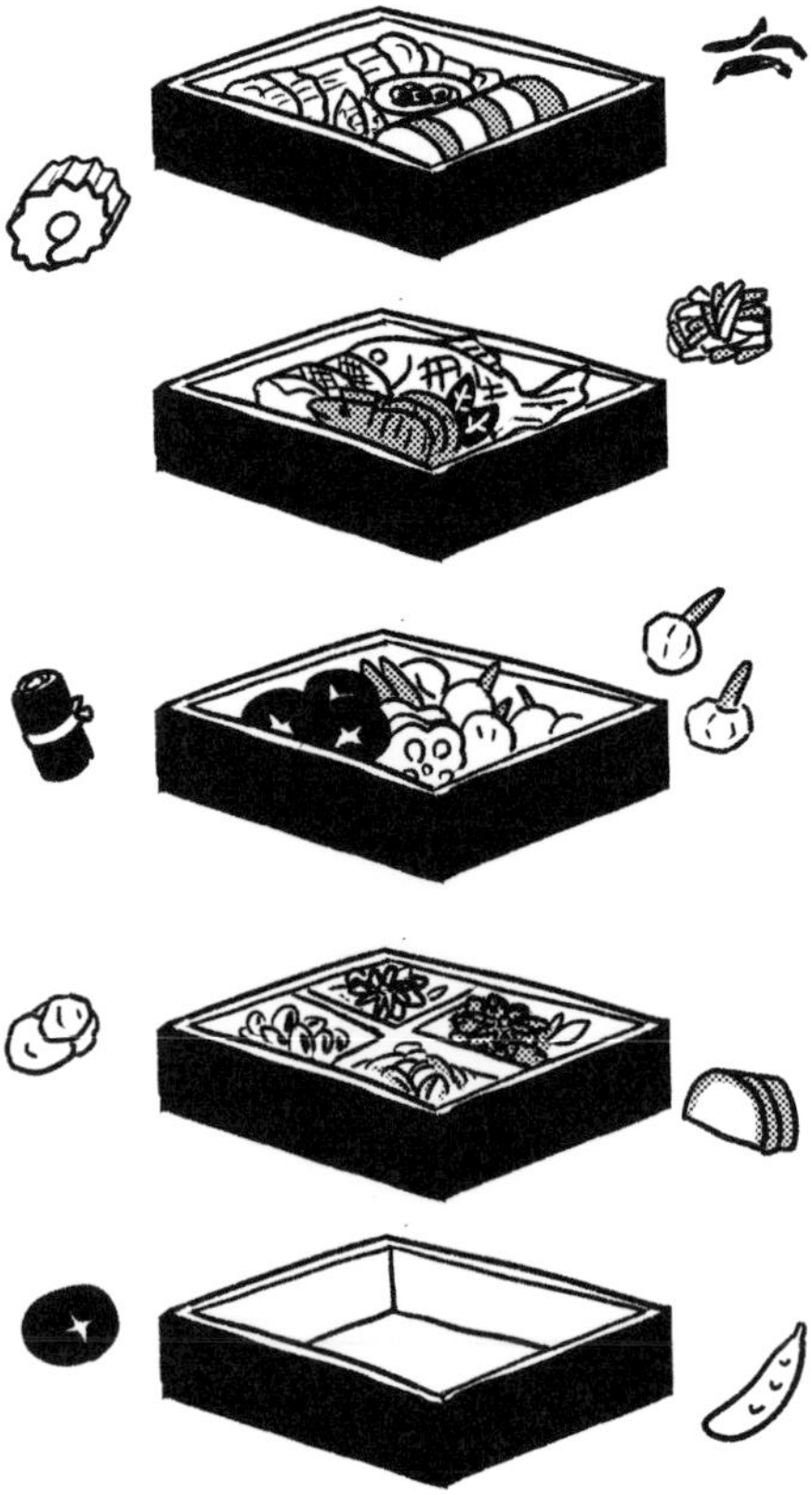

一の重 祝い肴と口取り
黒豆、数の子、田作り、たたきごぼう、伊達巻《だてまき》、きんとん、昆布巻、紅白かまぼこなど

二の重 焼き物
伊勢海老、鯛《たい》、鰤《ぶり》など

三の重 煮物
里芋、くわい、蓮など

与の重（四は死を連想させるので「与」の字を使う）
酢の物、紅白なます、菊花かぶなど

五の重
年神様から授かった福を詰めるため、空《から》にしておく。

七草がゆ

松の内の最後の日となる7日（15日までの地域も）は、五節句のひとつである「人日《じんじつ》の節句」。「人日」は文字通り「人の日」という意味で、元日から7日までの各日に動物をあてはめた古代中国の占いで、7日は「人の日」であったことに由来します。

「七草《ななくさ》の節句」ともいい、7種類の若草（すずな、すずしろ、ごぎょう、はこべら、なずな、ほとけのざ、せり）の入ったおかゆを食べて、1年の無病息災《むびょうそくさい》を祈願します。

鏡開き

11日は、年神様にお供えした鏡餅を下げ、それを開いて年神様をお送りし、正月にひと区切りつける日。もともと武家社会の習慣だったため、切腹を連想させる刃物を避け、手や木槌《きづち》を使います。年明けに「割る」という表現も縁起が悪いので、末広がりを意味する「開く」になりました。

小正月・左義長

元日から7日までを「大正月《おおしょうがつ》」というのに対して、15日は「小正月《こしょうがつ》」といわれ、その年の豊作を祈って「小豆《あずき》がゆ」を食べる風習があります。

この日、柳の木に餅や団子を刺した「繭玉《まゆだま》」を作って飾ったり、正月飾りや書き初めを焚《た》き上げる「左義長《さぎちょう》（どんど焼き）」を行う地域も。焚き上げられた煙によって年神様がお帰りになるとされ、ハレ（非日常）からケ（日常）の生活に戻る日とも考えられています。

【2月 如月《きさらぎ》】

節分

2月は、旧暦で年末年始にあたり、伝統的な行事を旧暦で祝う習慣のある国や地域では、「立春《りっしゅん》」からの数日をお正月として祝います。日本では「旧正月」と呼ばれます。「立春」の前日の「節分《せつぶん》」は、冬と春の境目にあたり、いわば大晦日《おおみそか》のようなもの。本来は、立春のほか立夏《りっか》、立秋《りっしゅう》、立冬《りっとう》のそれぞれ前日にも節分がありましたが、江戸時代以降、「節分」といえば立春の前日を指すようになりました。

この日には、豆をまく風習が今でも続いています。古くから、豆には生命力と魔除《まよ》けの力があるとされていました。

飛鳥《あすか》時代には宮中で、豆をまくことで厄《やく》を祓《はら》い、1年の無病息災を願う「追儺《ついな》」という儀式が行われていました。平安時代にはそれが年中行事になって民間にも広まり、その風習が今も続いています。

針供養

2月8日（京都では12月8日）は「事八日《ことようか》」といい、道具を供養《くよう》する風習があります。その代表的なものが「針供養」で、縫い仕事をする人を労《ねぎら》い、裁縫《さいほう》の上達を願って、全国の淡島《あわしま》神社で行われる行事です。江戸時代中期以降、全国に広まりました。

この日、縫い仕事をする人は仕事を休み、折れたり曲がったりした針を豆腐やこんにゃくに刺して神棚に上げて供養した後、川などに流したり、神社に奉納したりします。

【3月 弥生《やよい》】

桃の節句

3月3日は「上巳《じょうし》」。桃の節句、雛祭《ひなまつ》りとも呼び、女の子の成長と幸せを願う五節句のひとつです。その昔、中国では3月3日は邪気《じゃき》が襲ってくる忌《い》み日とされていました。そのため人々は、川で身を清め、自分の穢《けが》れを祓う行事が行われていました。それが日本の人形《ひとがた》に罪穢れを託して水に流す「祓う」の思想に結びつき、3月3日の行事に展開されてきました。平安貴族の幼女たちの「雛遊び」と融合し、「雛飾り」として発展したといわれています。

雛飾り（雛人形）は、天皇・皇后の姿になぞらえた男女一対の人形「内裏《だいり》雛」を飾るのが基本。現在のような豪華な段飾りをするようになったのは、江戸時代以降です。雛壇には雛あられや菱餅《ひしもち》などを飾り、ちらし寿司やはまぐりのお吸い物をいただきます。

春の彼岸

3月21日頃は「春分日」。昼と夜の長さがほぼ等しくなる日です。春分日を中心に、その前後各3日の計7日間が「春の彼《ひ》岸《がん》」。仏教では、彼岸は先祖と交流できる日とされていることからお墓参りをして先祖の霊を供養します。彼岸の初日は「彼岸の入り」、真ん中の春分日は「彼岸の中日」、最終日は「彼岸の明け」と呼ばれます。

春の彼岸には、炊《た》いた餅米を小豆あんで包み、ぼたんの花に見立てた「ぼた餅」をいただく風習があります。

#【4月 卯月《うづき》】

お花見

古くから桜の花は日本人に親しまれてきましたが、奈良時代くらいまでは、花といえば梅や萩《はぎ》の花を指していました。平安時代になり、貴族たちが春に桜を愛《め》で、歌に詠《よ》んだり花を見ながら宴《うたげ》を楽しむようになってから、花＝桜となりました。農民の間でも花見は豊作を祈願する行事として行われ、桜の下で田の神様を料理やお酒でもてなし、人々もお下がりをいただきながら楽しみました。

花祭り

旧暦の4月8日はお釈迦《しゃか》様の誕生日。現在でも、4月8日には全国の仏教寺院で「灌仏会《かんぶつえ》」という法会《ほうえ》を開き、祝いの行事を行います。お釈迦様は「無憂《むゆう》樹《じゅ》」の花の下で生まれたことから、この日を「花祭り」というようになりました。

お寺によってさまざまなお祝いが行われますが、共通する行事は、お釈迦様の像に甘茶《あまちゃ》をかける儀式。甘茶は産湯《うぶゆ》を意味するともいわれていますが、甘茶には虫除けの効能もあるため、虫除けのおまじないにも使われます。

【5月　皐月《さつき》】

八十八夜

5月1～2日頃は、立春から数えて88日目。初夏の訪れを告げる季節の変わり目で、種まきやお茶の収穫など、農作業の目安とする「雑節《ざっせつ》」のひとつ。末広がりの「八」が重なるので縁起がよいとされ、この日に摘んだお茶の新葉は「不老長寿の薬」ともいわれ、珍重《ちんちょう》されています。また、米作りには88の手間がかかるとされ、八十八夜は稲作とも関係が深く、種まきや田植えが始まります。

端午の節句

5月5日は、男の子の成長を祝う「端午《たんご》の節句」。五節句のひとつで、この時期に盛りを迎える菖蒲《しょうぶ》やよもぎを使って邪気を祓う古代中国の風習に由来し、日本でも5月5日には邪気を祓うさまざまな行事が行われるようになりました。

武家社会では、菖蒲が「尚武」に通じるとして、男の子の成長と健康を祈る行事に定着。男の子のいる家では、鎧兜《よろいかぶと》に道具を組み合わせた「五月人形」を飾り、柏餅やちまきを食べるのが習わしとなりました。

#【6月 水無月《みなづき》】

衣替え

四季のある日本では、季節ごとに衣類を入れ替える習慣があります。6月1日は夏の装いに替える日。平安時代の宮中行事で衣類を重ね着する「更衣《こうい》」という行事に由来します。その名が女官の役職名に使われるようになったため「衣更《ころもがえ》」に改められ、江戸時代に庶民に広まって「衣替え」となりました。

この日を機に、建具《たてぐ》やしつらえも替え、夏を心地よく過ごせるような工夫をします。

夏至

6月初旬、二十四節気「芒《ぼう》種《しゅ》」に入った最初の壬《みずのえ》日が、梅《つ》雨《ゆ》入りの目安となる入梅《にゅうばい》。それを過ぎ、22日頃には太陽がもっとも北に寄るため、北半球では1年でいちばん昼が長くなります。それが、「夏至《げし》」です。ここから本格的な夏へと、暑さが日に日に増していきます。

夏至に際しては、冬至《とうじ》のように全国的な風習はありません。地域によっては、この日にいちじくの田楽やタコを食べる習慣があるようです。

夏越の祓

年2回の「大祓《おおはらえ》」のうち、6月30日の大祓が「夏越《なごし》の祓《はらえ》」。それまでの半年分の穢れを落とし、残り半年の無病息災を祈願する行事で、神社の境内《けいだい》に立てられた「茅《ち》の輪《わ》」をくぐります。京都ではこの日、厄除けとして「水無月《みなづき》」というお菓子を食べる習慣があります。

【7月 文月《ふみづき》】

七夕

7月7日の七夕《たなばた》は江戸時代に五節句とされ、今でも親しまれている行事。古代中国の伝説に由来する「七夕《しちせき》」と日本古来の「棚機津女《たなばたつめ》」の故事が合わさって生まれた行事です。さらに、書道や芸事の上達を願う行事「乞巧奠《きこうでん》」も加わって、現在のような形になりました。

古来、「1日の始まりは日没である」という説があり、七夕飾りは6日の夕方に飾ります。笹《ささ》に吊《つ》るす短冊《たんざく》や飾り物などは、古代中国の陰陽五行説に基づいて、赤・青・黄・白・黒の5色を使います。

土用

もともと土用《どよう》は、立春、立夏、立秋、立冬のそれぞれ前18日間のことですが、現在は立秋前の夏の土用のことをいいます。

土用期間中の「丑《うし》」の日に「う」のつく物を食べる風習がありますが、土用の丑の日とうなぎを結びつけたのは、江戸時代の学者・平賀源内《ひらがげんない》だといわれています。

また、梅雨明けの時期でもあり、衣類などの虫干しや梅干しを干したりもします。これを、「土用干し」といいます。

【8月 葉月《はづき》】

お盆

8月13～16日（地域により15日）はお盆。明治の改暦以降は新暦の7月15日を中心に行事が行われますが、農繁期と重なる地域では「旧盆」「月遅れのお盆」として8月15日に行われるようになりました。

お盆の正式名称は「盂蘭盆《うらぼん》会《え》」。お釈迦様の弟子であった目連尊者《もくれんそんじゃ》が、旧暦7月15日に多くの僧侶たちに供物《くもつ》を施し、供養したことで、夢の中で苦しんでいた亡き母の魂が救われたという説法に由来します。

家庭では、お盆には先祖の霊が帰ってくる日とされています。12日に「精霊棚《しょうりょうだな》」をしつらえ、きゅうりやなすで作った「精霊馬」やお供え物を用意して先祖の霊を迎えます。とくに四十九日の忌明け後に迎える「新盆《にいぼん》」の家では、数日前までに飾り付けます。

13日のお盆の入りの夕方には家の前で麻幹《おがら》を焚いて「迎え火」とし、16日には「送り火」を焚いて先祖を送り出します。盆棚の飾りやお供え物をのせた盆船を川に流す「精霊流し」を行う地域も。

【9月　長月《ながつき》】

重陽の節句

9月9日は、縁起がよいとされる奇数の中でもいちばん大きな数「九」が重なるため「重陽《ちょうよう》」と呼ばれ、おめでたい日とされて、中国では寿命を延ばすといわれる菊の花を浮かべたお酒を飲んだりして、不老長寿や繁栄を祈願しました。

この風習が日本にも伝わり、宮中では「菊花宴」が行われ、庶民の間でも「お九日《くにち》」と呼ばれる秋祭りが行われるようになりました。

十五夜

旧暦の8月15日の夜に出る満月は「十五夜《じゅうごや》」、「中秋《ちゅうしゅう》の名月」などと呼ばれ、1年でもっとも美しい月が鑑賞できるといわれてきました（ただし、新暦では毎年日付が異なり、満月とは限らない）。

この日は、縁側や庭先など月がよく見える場所に、お米で作った満月のようなお団子などを供え、「秋の七草（はぎ、すすき、くず、なでしこ、おみなえし、ふじばかま、ききょう）」を飾るのが、お月見の伝統的なしつらえです。

秋の彼岸

二十四節気の第十六節、「秋分」（9月23日頃）は、太陽が真西に沈み、昼と夜の長さがほぼ同じになる日。「秋の彼岸」とは、秋分の日を「中日」とする前後各3日の計7日間のことです。

期間中は春の彼岸と同じように、お墓参りをして先祖の霊を供養します。

そして、春の彼岸は「ぼた餅」を食べますが、秋の彼岸には、小豆を萩の花に見立てた「萩の餅＝おはぎ」を食べる習慣があります。

【10月　神無月《かんなづき》】

十三夜

「十五夜」から約1カ月後の旧暦9月13日は「十三夜《じゅうさんや》」。「後《あと》の月」「名残の月」、「栗名月」「豆名月」とも呼ばれます。

十五夜は中国から伝わってきたものですが、十三夜は日本ならではの行事。すすきを飾り、13個の団子、栗や豆、柿などを供えます。昔の人は、十五夜または十三夜のどちらか一方しか見ないことを「片月見《かたつきみ》」といい、縁起の悪いこととされていました。

恵比寿講

旧暦10月は、八百万《やおよろず》の神々が出雲大社《いづもおおやしろ》に集まる月。そのため、出雲地方以外では鎮守神が不在となり、その間、留守《るす》を守ってくれるのが恵比寿《えびす》様です。その恵比寿様に感謝し、おもてなしをする祭事が「恵比寿講」。「二十日《はつか》えびす」とも呼ばれ、10月20日に行われます（地域によって異なる）。

10月を「神無月」というのは鎮守神が不在だからというのは俗信とか。現在は、「無」は「～の」の意味で、「神の月」と解する説が有力です。

【11月 霜月《しもつき》】

酉の市

11月の「酉《とり》」の日には、全国の神社で商売繁盛を願って祭礼が行われ、市（酉の市）が立ちます。酉の市で売られるのは大小の熊手。「福をかき集める」からで、前の年より大きな熊手を買うこと、買う際には値切り、売り手と買い手の両者が納得したら「三本締め」をするのが、古くからの習わしです。

昔から11月の酉の日が3回ある「三の酉」のある年は火事が多いとされています。

新嘗祭

旧暦11月「中卯《なかう》」の日（現代では11月23日）に宮中で行われる祭祀《さいし》を「新嘗祭《にいなめさい》」と呼びます。天皇が、その年に収穫された穀物を神々に供え、自らも食する儀式です。また、農業に携わる人たちも、収穫に感謝するお祭り（収穫祭）などを行ってきました。

この新嘗祭が行われる日は長く祝日とされてきましたが、1948年、神事の意味を含まない国民の祝日、「勤労感謝の日」となりました。

新嘗祭が終わると、地表の温度が下がり、朝露《あさつゆ》が霜に変わり始めます。冬支度にとりかかる時期です。

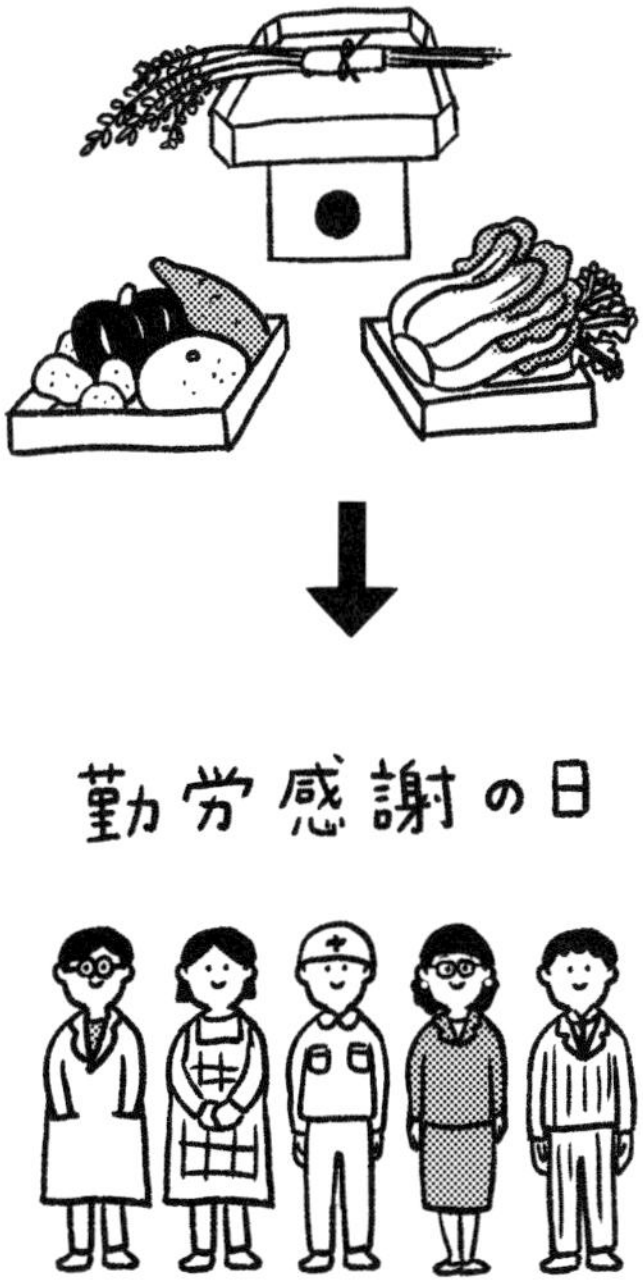

【12月 師走《しわす》】

正月事始め

12月13日は、婚礼を除く万事に大吉とされる「鬼宿日《きしゅくにち》」にあたる日。この日を「正月事始め」として、明くる年の年神様をお迎えする準備を始めます。

年神様が降り立つ依代《よりしろ》となる門松をはじめ、注連《しめ》飾りや鏡餅など、正月飾りは毎年新しいものを用意します。正月飾りをつけておく期間は、一般的には12月13日〜1月7日、関東は12月8日〜1月7日、関西は12月13日〜1月15日となっています。

すす払い

事始めの最初に行うのは、正月に年神様をお迎えするために1年の穢れを祓う「すす払い」。昔は、竹ざおの先に藁《わら》をつけて神棚はもちろん、家中をきれいに掃除しました。現在も、神社や寺院では「すす払い」が行われ、一般家庭で行われる大掃除にも、年神様をおもてなしするという意味が込められています。

なお、かつて13日は、正月に使う松や榊《さかき》、ゆずり葉などを山に採りに行く「松迎え」の日でもありました。

冬至

12月22日頃は、二十四節気の第二十二節「冬至《とうじ》」。

北半球では1年のうちでもっとも昼が短くなる日です。無病息災を願って、ゆず湯に入ったりかぼちゃがゆを食べたりする習慣があります。

冬至を境に太陽は生まれ変わるとされており、中国や日本では冬至は陰《いん》が極まる日で、翌日から陽《よう》に返っていくと考えられています。これを「一陽来復《いちようらいふく》」といい、この日からどの人も運が上向いていくとされています。

歳の市

正月用の松飾りや注連縄、注連飾りなどが並ぶ市のことを「歳《とし》の市」と呼びます。毎月立つ市の中で、その年最後の市に正月用品が多く売られたため「暮市《くれいち》」「節季市《せっきいち》」などと呼ばれるように。

現在も、12月中旬になると神社や寺院の境内など、決まった場所に正月飾りを売る場所が設けられることが多いようです。ちなみに、正月飾りをつけるのは、29日は「苦飾り」、31日は「一夜飾り」といわれ、年神様に対して失礼にあたります。

大晦日

毎月、最後の日を「晦日《みそか》」と呼び、12月31日は1年の最後の日なので「大晦日」。昔は大晦日には心身を清めて神社にこもり、一晩中起きて年神様を迎えました。現在、大晦日の深夜から初詣に出かけるのは、その名残です。中国から伝わった仏教行事の「除夜《じょや》の鐘《かね》」は過去、現在、未来におよぶ人間の108の煩悩《ぼんのう》を鐘をついて鎮《しず》めるといわれます。年越し蕎麦の習慣は、細く長い蕎麦にあやかり長寿と家運アップを願って始まったともいわれています。

43

人生の節目のお祝いごと

人生には、節目節目のお祝いごとがあります。古来、日本では子どもの誕生と成長を喜び、長寿を祝う儀式が多く行われてきました。

今でこそ、子どもは健やかに育ち、寿命も「人生100年」といわれるほど延びていますが、数十年前までは幼いうちに命を落とす子どもも少なくありませんでしたし、60歳になる前に一生を終えることも珍しくありませんでした。だからこそ**節目節目に、無事であることを祝い、いつまでも健やかなることを祈る儀式が大切にされてきた**のです。

人生の節目のお祝いごとのうち、成人、結婚、葬儀は「人生の三大礼」といわれ、古くからさまざまな儀式が行われ、祝いの席が設けられてきました。とくに成人するまでに、儀式やお祝いごとがたくさんあります。それは前述したように、無事に成人の日を迎えられる子どもが少なかったためです。それを考えると、七五三や十三参りなど、子どもの成長を祝う節目の行事ひとつひとつを家族や親族が集まってお祝いすることは、子どもに「思い出」という宝物を贈ることにほかなりません。

結婚に関しても、両家の縁を結ぶ「結納《ゆいのう》」から始まって、さまざまな婚礼のしきたりがありました。白無垢《しろむく》や角隠《つのかく》し、打掛《うちかけ》といった花嫁の衣装にもそれぞれ意味がありますし、親族の衣装にも決まりごとがありました。

お祝いごととは少し趣《おもむき》が違いますが、人生の節目という意味では「厄年《やくどし》」があります。平安時代くらいから日本では、災《わざわ》いが起こりやすい年を「厄年」として、気をつける風習がありました。中国から伝わった陰陽道《おんみょうどう》に起源があるといわれています。厄年は「悪いことが起こる年」というよりも、人生の変化が多い年です。恐れて何もしないのではなく、いつもより慎重に過ごすことを心がけるとよいでしょう。

以上のような儀式も、現代では略式で行われることが多くなりましたが、そこに込められた意味や願いを知ることによって、たくさんの気づきがあるはずです。

帯祝い

妊娠5カ月目（妊娠16～19週目）の「戌《いぬ》」の日に、出産の無事を祈る儀式。半反分《はんたんぶん》のさらしを幅二つ折りにした岩田帯を、下からお腹を支えるようにして巻きます。帯を巻くことでお腹を保護するのはもちろん、母親としての自覚を持つという大切な意味があります。

岩田帯は妊婦の実家が用意しますが、最近はマタニティガードルなどをつける場合がほとんど。夫婦や両親と神社で安産祈願をした後、食事会をするのが一般的です。

お七夜

生まれた日から数えて7日目に命名書を飾って祝い、赤ちゃんのお披露目をします。昔は生後まもなく命を落とす子どもが多かったため、無事成長への道筋が見えた節目として大切にされていた儀式です。両家の両親などごく身内を招いて、お赤飯に尾頭つきの鯛《たい》などで会食をします。

お宮参り

男の子は生後32日目、女の子は33日目に、健やかな成長を願って氏神様（生まれた土地の神社）をお参りします。

お宮参りのとき、赤ちゃんを抱っこするのは父方の祖母というのが正式なしきたりです。かつてお産は穢れとされ、母親は「まだ忌明けがすんでいないから神社にお参りできない」と考えられていたからです。ただ、現代では、そうした意味は薄れ、産後まもない母親の負担を減らすための思いやりととらえられています。

お食い初め

一生、食べ物に困らないようにと願って行われる行事。「箸《はし》初《ぞ》め」「箸祝い」「真《ま》魚《な》始《はじ》め」ともいいます。また、生後100日目に行われるため「百《もも》日《か》の祝い」とも。祖父母や親戚の中の年長者が膝に子どもを抱いて箸を取り、祝い膳を食べさせる真似をするのが正式です。

初誕生

満1歳の誕生日を祝う行事。昔は新年とともに歳を重ねる「数え年」の考え方が主流だったので、毎年誕生日を祝うことはしなかったのですが、1歳の誕生日だけは例外でした。昔は乳幼児の死亡率が高かったため、1歳まで無事に成長したことは喜ばしいことだったからです。お祝いの席では1升の餅米でついた誕生餅を風呂敷に包み、子どもに背負わせます。その重さに泣けば泣くほど元気な子になるといわれています。

七五三

11月15日、子どもの成長に感謝し、神社にお参りする行事。もともとは宮中や公家、武家の間の風習で、3歳になった男女が、剃《そ》っていた髪を伸ばし始める「髪置き」、5歳の男の子が初めて袴《はかま》をつける「袴着」、7歳の女の子が付け紐《ひも》を取り、初めて帯を締める「帯解き」の儀式が原型です。3・5・7歳は子どもの厄年といわれ、明治時代から一般の家庭でも、厄払いと神の御加護を願って神社にお参りするようになりました。

十三参り

旧暦の3月13日前後（新暦4月13日の前後1カ月）に、数え年13歳の男女が虚空蔵《こくうぞう》菩薩《ぼさつ》を本尊とする寺社へお参りする行事。京都・嵐山の法輪寺《ほうりんじ》の参詣が有名ですが、今ではちょうど受験の準備期にあたるため、合格祈願の意味合いも。

　半紙に、子どもの直筆で好きな字や大切にしている漢字一文字を毛筆で書き、お供えして祈《き》祷《とう》を受けます。帰り道に後ろを振り返ると、授かった知恵を落としてしまう、といういい伝えもあります。

成人式

かつて、男子は15歳前後になると、頭に冠をつける元服の儀式「加冠《かかん》の儀」、女子は13歳頃に、垂らしていた髪の毛を結い上げる「髪上げの儀」が、それぞれ大人への通過儀礼として行われていました。

　現在は1月の第2月曜日に、満20歳を迎えた男女が大人の仲間入りをしたことを祝い、激励する「成人式」が行われています。成人式は基本的に各地方公共団体ごとに行われ、講演会を開いたり記念品を贈ったりします。なお、２０２２年4月から成年年齢が18歳になり、成人式にも何らかの変化があるかもしれません。

結婚記念日

結婚記念日を祝う風習は欧米で始まったとされ、日本では、明治天皇と昭憲皇太后《しょうけんこうたいごう》が明治27（1894）年に結婚25年を祝う銀婚式の祝典を行ったのが最初といわれています。以来、銀婚式や結婚50年を祝う金婚式の習慣が一般にも広まりました。

　現在、さまざまな記念年があります。それぞれの呼称は、夫婦の絆《きずな》を素材にたとえたもので、次第に強くなり、輝きも増していくという意味が込められています。

結婚記念日

年数	名称	年数	名称
1年目	紙婚式	13年目	レース婚式
2年目	綿婚式	14年目	象牙婚式
3年目	革婚式	15年目	水晶婚式
4年目	書籍婚式・花婚式	20年目	磁器婚式
5年目	木婚式	25年目	銀婚式
6年目	鉄婚式	30年目	真珠婚式
7年目	銅婚式	35年目	珊瑚婚式
8年目	青銅婚式	40年目	ルビー婚式
9年目	陶器婚式	45年目	サファイア婚式
10年目	錫婚式	50年目	金婚式
11年目	鋼鉄婚式	55年目	エメラルド婚式
12年目	絹婚式	60年目	ダイヤモンド婚式

※イギリス式

長寿のお祝い

長寿のお祝いは「賀寿《がじゅ》」や「年祝い」といい、奈良時代からその習慣があったと伝えられています。

かつて、寿命が短かった時代は、40歳の「四十の賀」から10年おきにお祝いをしていたそうで、数え歳で61歳の「還暦《かんれき》」からが長寿のお祝いとされています。

もっとも、寿命が延びた今、還暦はまだまだ現役世代。長寿を祝うというより、第二の人生のスタートを祝うという意味合いが強くなりました。

名称と由来

年齢(数え年)	名称	由来
61歳	還暦《かんれき》	昔の暦の干支《えと》が60年で一巡したため
70歳	古希《こき》	唐の詩人・杜甫《とほ》の詩「人生七十古来稀なり」に由来
77歳	喜寿《きじゅ》	「喜」の草書体「㐂」を分解すると「七十七」になることから
80歳	傘寿《さんじゅ》	「傘」の略字「仐」を分解すると「八十」になることから
88歳	米寿《べいじゅ》	「米」を分解すると「八十八」になることから
90歳	卒寿《そつじゅ》	「卒」の略字「卆」を分解すると「九十」になることから
99歳	白寿《はくじゅ》	「百」から一を取ると「白」になることから
100歳	紀寿《きじゅ》	100年＝1世紀を意味する「紀」、百寿《ももじゅ》ともいう
108歳	茶寿《ちゃじゅ》	「茶」を分解すると「二十」と「八十八」となり、足すと「百八」になることから
111歳	皇寿《こうじゅ》	「皇」を「白」「王」に分解すると、「九十九」、「十二」になり、足すと「百十一」になることから

厄年と厄払い

厄難が多くふりかかるとされる年齢を「厄年《やくどし》」といい、神社や寺院で「厄払い《やくばら》」を行います。厄年に科学的な根拠があるわけではありませんが、生活環境や健康面で変化が出てくる時期にあたるため、役割を担う年としての「役年」から転じて厄年になったという説もあります。

厄年にあたる年齢は男女で異なり、男性の42歳、女性の33歳は「大厄《たいやく》」といわれ、大きな災難に遭《あ》いやすい年齢とされています。

男性の厄年（数え年）

前厄	24歳	41歳	60歳
本厄	25歳	42歳（大厄）	61歳
後厄	26歳	43歳	62歳

女性の厄年（数え年）

前厄	18歳	32歳	36歳
本厄	19歳	33歳（大厄）	37歳
後厄	20歳	34歳	38歳

44

寺と神社

初詣《はつもうで》は、お寺と神社、どちらにお参りをしていますか？「どちらに」と意識したことのない人も多いかもしれません。でも、**同じ「お参り」をするといっても、お寺と神社はそれぞれ、ちょっと意味合いが違います。**

お寺は、中国大陸から伝わった仏教という宗教の施設です。**お寺にお参りするのは仏様のため。**先祖や先達を弔《とむら》い、自らの人生を見つめ直す場所でもあるのです。

一方、**神社は神道という日本人固有の信仰観に由来した、神の在所です。**

古来から日本人は、山や岩、川、水、火、樹などの自然物に、さらには針や包丁、はさみ、台所、厠《かわや》といった身の回りのものや場所にも神の存在を感じていました。

つまり、神道には、仏教やキリスト教のように開祖や教祖の存在があるわけではなく、経典もありません。山にしても岩にしても、神が宿るところ＝依代《よりしろ》として崇《あが》め、祈ってきたのです。

「八百万《やおよろず》の神」という言葉があるように、日本人はこうしてあらゆるものに神を感じてきました。とくに意識していなくても、神道は日本人のＤＮＡの中に息づいているといっていいでしょう。

その証拠に、とくに信仰していなくても初詣やお宮参り、七五三、厄払いなど、人生の節目ごとに神社を訪れます。

自分の力だけでは解決できないようなことがあると、神社にお参りして「お力を貸してください」と神様に手を合わせます。そんなふうに、ふだんは神社をお参りすることはなくても、「困ったときの神頼み」をしている人は少なくないのではないでしょうか。

こうした身勝手な私たちのことをも、神様は分け隔てなく見守り続けてくださっているのです。そのことに甘えず、私たちも日頃から、神様に感謝し、敬意を払いたいものです。

お寺と神社、どちらがよい・悪いということではありませんが、この２つはそれぞれの意味合いが違うのだ、という認識を持っていたいものです。

45

参拝のしかた

神社には、正しいお参りのしかたがあります。

まずは、鳥居（神様がいらっしゃる神域へ向かうための神聖な門）を「失礼いたします」という気持ちで、会釈《えしゃく》をしてからくぐりましょう。拝殿へ向かう参道の中央は「正中《せいちゅう》」と呼ばれ、神様がお通りになるところ。歩くときは正中を避けて右か左の脇を通ります。そして、必ず「手水舎《てみずや》」に寄り、心身を清めましょう。手水舎では、まず右手で柄杓《ひしゃく》を取り、水を汲《く》んで左手を洗います。次に、柄杓を持ち替えて右手を洗います。再度、柄杓を右手に持ち替え、左手で水を受けて口を軽く注ぎ、柄杓を立てて触った部分を清めます。

そして、いよいよ参拝です。鈴を鳴らしてお賽銭《さいせん》を入れます。**参拝は「二拝二拍手一礼」**。2回、90度ぐらいの深いおじぎをしてから2回、拍手《かしわで》を打ち、そのまま両手を合わせて、神様にお願いごとや報告をします。そして最後に、深く一礼をして終わりです。

正しい参拝のしかた

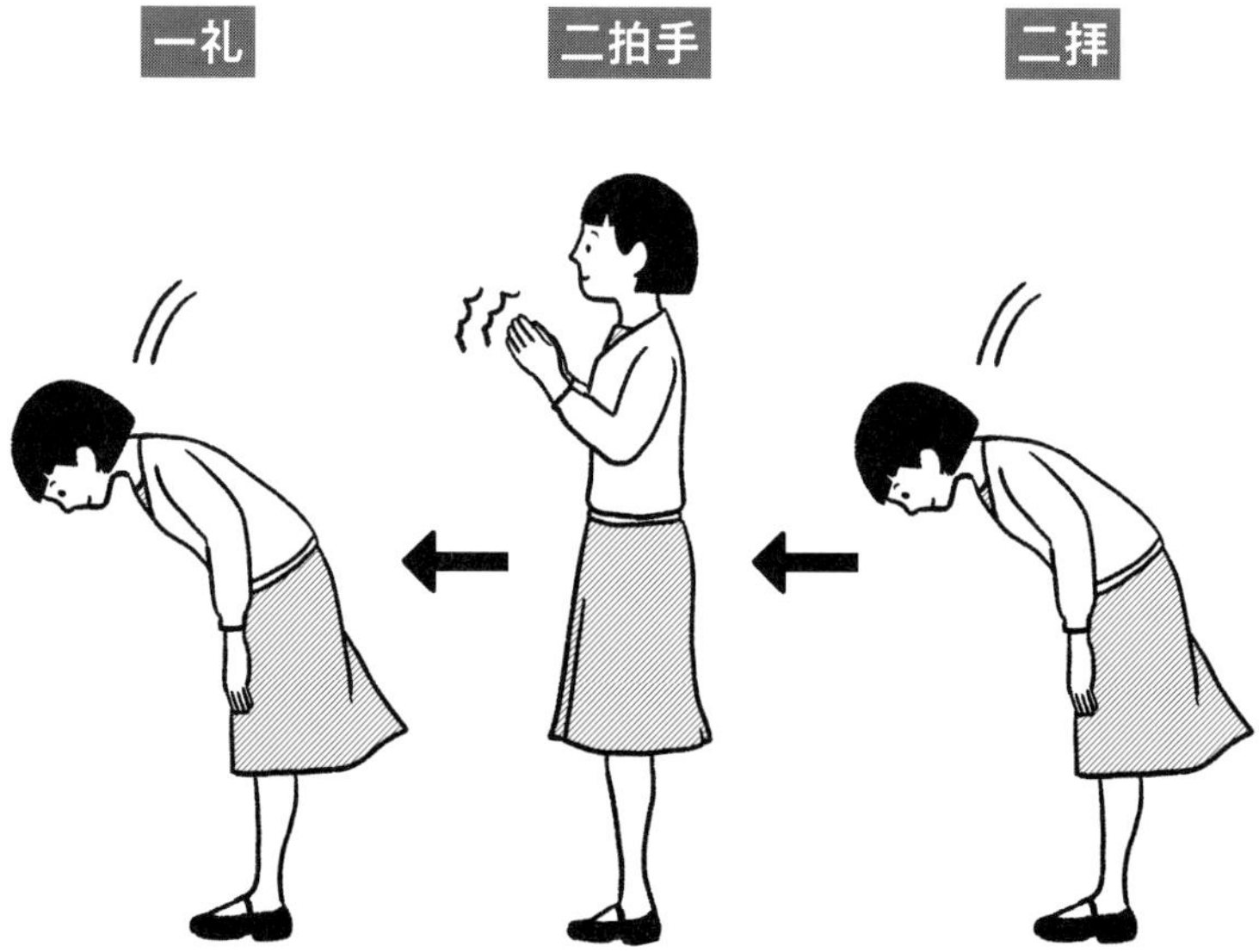

90度くらいに２回おじぎをしてから、２回拍手。両手を合わせ神様に願いごとをし、最後に深く一礼する。

MEMO

◆水は飲まない
手水舎での一連の作業は、すべて最初に汲んだ1杯の水で行います。口をすすぐ際は柄杓に口をつけないようにしましょう。そして、間違ってもその水を飲まないように。

◆二拝四拍手一礼のところも
参拝の際の拍手は必ずしも二拍手ではなく、出雲大社や宇佐神宮など四拍手というところもある。

◆名前と住所を告げる
一礼するときは、心の中で自分の名前と住所を告げましょう。

参考文献

『マンガと絵でみる　日本のしきたり便利帳』高田真弓著・岩下宣子監修（日本能率協会マネジメントセンター）
『ニッポンのおつきあいとしきたりの心得帖』岩下宣子監修（学研プラス）
『図解 日本人なら知っておきたい しきたり大全』岩下宣子著（講談社）
『お祝い・お悔やみ・特別な日のマナー』岩下宣子著（ＰＨＰ研究所）
『13歳から自立できるマナーの基本』岩下宣子監修（ＰＨＰ研究所）
『13歳から身につけたい「日本人の作法」』「大人のたしなみ」研究会編著（大和出版）
『かしこい子どもに育つ礼儀と作法』小笠原清基著（方丈社）
『［図解］日本のしきたりがよくわかる本』日本の暮らし研究会著（ＰＨＰ研究所）
『［イラスト図解］〈小笠原流〉日本の礼儀作法・しきたり』柴崎直人著（ＰＨＰ研究所）
『一生使えるお作法図鑑』久保村正高著（ＰＨＰ研究所）

〈監修者〉
岩下宣子（いわした・のりこ）
「現代礼法研究所」主宰。NPOマナー教育サポート協会理事・相談役。1945年、東京都生まれ。共立女子短期大学卒業。30歳からマナーの勉強を始め、全日本作法会の故内田宗輝氏、小笠原流・故小笠原清信氏のもとで学ぶ。1985年、現代礼法研究所を設立。マナーデザイナーとして、企業、学校、商工会議所、公共団体などでマナーの指導、研修、講演と執筆活動を行う。『図解 日本人なら知っておきたい しきたり大全』（講談社）など著書・監修書多数。

〈編著者〉
「日本人の作法としきたり」研究会（にっぽんじんのさほうとしきたりけんきゅうかい）
日本人が脈々と育んできた和の文化を尊び、さまざまな作法やしきたりを研究。年中行事を日常生活に落とし込み、四季の移ろい、日本の美しさを感じながらの暮らしを大切にするグループ。

装　　丁　大薮胤美（フレーズ）
イラスト　関根美有（1・2・5章）
　　　　　ナカミサコ（装画、3・4章）
編集協力　鈴木裕子
校　　正　株式会社ぷれす
本文組版　朝日メディアインターナショナル株式会社

育ちのいい人は知っている
13歳からの日本人の「作法」と「しきたり」

2022年10月4日　第1版第1刷発行
2023年12月28日　第1版第4刷発行

編著者　「日本人の作法としきたり」研究会
監修者　岩下宣子
発行者　村上雅基
発行所　株式会社PHP研究所
　京都本部　〒601-8411　京都市南区西九条北ノ内町11
　〔内容のお問い合わせは〕暮らしデザイン出版部 ☎075-681-8732
　〔購入のお問い合わせは〕普及グループ ☎075-681-8818
印刷所　大日本印刷株式会社

ISBN978-4-569-85314-7